即兴演讲

关键时刻不能输在表达上

醉流枫 编著

中国水利水电出版社
www.waterpub.com.cn
·北京·

内容提要

即兴演讲就是在特定情境和主体的诱发下,自发或被要求立即进行的当众演说,是一种不凭借文稿来表情达意的口语交际活动。演讲者事先并没有做任何准备,而是随想随说、有感而发。

本书汇总了许多即兴演讲和当众说话的方法技巧。比如,在即兴演讲前应做好充分的准备,尽量克服会掉进恐惧的深渊之中,选择正确的吐字方式,妙用几种修辞手法使得演讲更受欢迎。在一些场合注意开玩笑的分寸,在某种冷场中要学会自我解嘲一番,学会运用眼神、手势等肢体语言来为自己的演讲助威,更重要的是学会在各种场合进行"分门别类"的即兴演讲。总而言之,它教人们克服即兴演讲的畏难心理,从而使人们能够自信满满地当着众人的面进行"美好"的即兴演讲,进而赢得事业的成功,获取令人艳羡的机遇,赢得众人的好感,也可能获取爱情的红玫瑰。

本书介绍了许多切实可行的即兴演讲的方式、方法,教人们从容容地去应对各种各样的"场合",让人们将即兴演讲当作一件十分快乐的事情。书中提供了许多特别经典的案例,语言通俗易懂,实际操作性很强,是即兴演讲的实操指南。

图书在版编目(CIP)数据

即兴演讲:关键时刻不能输在表达上 / 醉流枫编著. —北京:中国水利水电出版社, 2023.8 (2024.6重印)
ISBN 978-7-5226-1603-2

Ⅰ. ①即… Ⅱ. ①醉… Ⅲ. ①演讲—语言艺术—通俗读物 Ⅳ. ① H019-49

中国国家版本馆 CIP 数据核字(2023)第 122407 号

书　　名	即兴演讲:关键时刻不能输在表达上 JIXING YANJIANG:GUANJIAN SHIKE BUNENG SHU ZAI BIAODA SHANG
作　　者	醉流枫　编著
出版发行	中国水利水电出版社 (北京市海淀区玉渊潭南路1号D座 100038) 网址:www.waterpub.com.cn E-mail:zhiboshangshu@163.com 电话:(010)62572966-2205/2266/2201(营销中心)
经　　售	北京科水图书销售有限公司 电话:(010)68545874、63202643 全国各地新华书店和相关出版物销售网点
排　　版	北京智博尚书文化传媒有限公司
印　　刷	北京富博印刷有限公司
规　　格	148mm×210mm　32开本　8印张　171千字
版　　次	2023年8月第1版　2024年6月第3次印刷
印　　数	9001—14000册
定　　价	69.80元

凡购买我社图书,如有缺页、倒页、脱页的,本社营销中心负责调换
版权所有·侵权必究

前 言

随着社会的迅猛发展，即兴演讲已经变得越来越重要，成为我们事业成功的助力器。即兴演讲能力强的人，往往能在最短的时间内打动对方的心，从而化解危机、说服对方，为实现自己的目标创造有利的环境；相反，即兴演讲能力差的人则容易丧失一些宝贵的机会。

很多人都认为即兴演讲是一件非常困难的事情，因为他们在公众面前往往会出现语言"短路"，甚至惊慌失措，而后大脑一片空白。这是典型的"怯场"，主要是由于他们没有即兴演讲的经验或者由内心胆怯导致的。

在这个世界上，没有人天生就是能说会道的演说家。那么我们到底应该怎样做才能够战胜内心的胆怯，勇敢地站在台上侃侃而谈呢？

首先，你要有足够的自信，千万不要对自己的能力产生怀疑。

不管遇到什么样的困难与挫折，都要以坚强的毅力去应对！在面对台下的无数观众时，一个优秀的演讲者为什么能够表现得轻松自如、毫无畏惧呢？那是因为他具有超强的自信心。

自信是做事成功的根本。试想一下，倘若你对自己一点信心都没有，那么将如何站在台上面对听众，正视听众热情、仰慕的眼神，又如何发出自己的声音、表达自己的真实想法呢？

即兴演讲：关键时刻不能输在表达上

很多时候，你只有具备了足够的自信，才能够以正确且适当的方式将自己的所思所想表达出来。只有真正做到这一点，你才会得到公众的认可与肯定。将埋藏在心底没有表达出来的奇思妙想表达出来，从而让"黄土"变"黄金"，能够让世界震惊。

由此可见，自信对一个演讲者来说是何等的重要！

其次，要持之以恒地进行训练。

一个有语言天赋的讲话高手，倘若没有进行过反复和长期的练习，也是难以成为一位即兴演讲高手的。只有经过长期的演讲训练，加上足够的耐心与热情，才能够让自己的天赋闪出耀眼的光芒。

当然，一个有远见的人在训练即兴演讲的能力时，一定要选择适当的方式、方法，而不是盲目跟风。

再次，要学会大胆地表现自己。

讲话本来就是一种表演艺术，它要求演讲者必须运用合适的表情、语气，以富有感染力的语言来向听众述说自己的观点。当一个演讲者能既巧妙又热情地讲述自己的故事时，相信听众的内心也会受到感动。

最后，要有充足的知识储备。

一个优秀的演讲者，如果要让听众觉得自己的演讲具有一定的深度，而且有吸引力，那么就要在平时有意识地储备一些演讲知识。当然，这既包括专业知识，又包括生活常识、时事新闻、娱乐八卦等。

在这里，需要注意的一点是：有知识不等于有口才，但是没有

前 言

知识就不可能会有口才。

亲爱的朋友，你想将美丽的梦想变成现实吗？你想收获整个世界热烈的掌声吗？那么不要迟疑，请从这一刻开始，努力提高自己即兴演讲的能力吧！相信有一天，所有人都会被你惊人的口才折服！

本书在编写过程中参考了有关资料和著作，在此向相关作者和平台表示感谢。虽然我们对本书中所述内容都做了核实，并多次按出版流程进行了文字校对和版权确认，但因水平有限，书中难免还存在不足之处，恳请读者批评、指正。如有问题反馈，也可以致信本邮箱：99040950@qq.com。

目　录

第一章　寻找讲话机会，当众展示你的魅力　001

第一节　即兴演讲能力是人生成败的分水岭　003
第二节　即兴演讲能够打开人生机遇之门　008
第三节　敢即兴演讲，才能有效说服他人　013
第四节　即兴演讲助你赢得好人缘　017
第五节　学会即兴演讲，助你一步步走出困境　021
第六节　在演讲时能够突破限制的三种方式　024
第七节　即兴演讲时，要学会"热爱"丢脸　027
第八节　寒暄的三大注意事项　032
第九节　用点心思，把握好即兴演讲的时机　035
第十节　投其所好，主动迎合对方的兴趣　039
第十一节　即兴演讲，要养成主动打招呼的习惯　042
第十二节　敏捷应对的五种招式，让演讲能够
　　　　　俘获人心　046
第十三节　塑造良好形象的四大妙招　050

第二章　即兴演讲，你紧张了吗　　　　　　　　　055

第一节　克服胆怯、害羞心理的三种招数　　057
第二节　克服恐惧十大妙招　　　　　　　　060
第三节　千万不要掉入恐惧的"陷阱"　　　　067
第四节　越讲话，越有胆量　　　　　　　　069
第五节　知己知彼——即兴演讲前做好五点准备　073
第六节　先动脑，再动口——练就倾听两大妙招　077
第七节　学会十二种精彩开场白，牢牢抓住
　　　　听众的心　　　　　　　　　　　　081
第八节　即兴演讲要做到长话短说　　　　　085
第九节　即兴演讲要做到"以情动人"　　　　089
第十节　演讲要注意分寸的五种技巧　　　　092
第十一节　培养独特演讲风格的五大妙招　　095
第十二节　一定要避开八个雷区，不要触及
　　　　　个人隐私　　　　　　　　　　　098

第三章　练就即兴演讲的本领　　　　　　　　　101

第一节　选择正确的吐字方式　　　　　　　103
第二节　即兴演讲时调整语气的三种技巧　　105
第三节　控制演讲节奏的两种技巧　　　　　108
第四节　妙用七种修辞手法，让你的语言更有分量　111
第五节　让演讲变得通俗易懂的三种方式　　114

第六节	试着去改掉六种不良语言习惯	117
第七节	懂得见什么人，说什么话	120
第八节	尽量运用"准确"的措辞	125
第九节	灵活运用五种"肢体语言"	127
第十节	学会六招互动，让听众变成你的合作者	130
第十一节	需要倾注热情的七种技巧	134

第四章　让即兴演讲成为一种享受　139

第一节	学会说"不"的七种技巧	141
第二节	掌握开玩笑分寸的五种方法	143
第三节	让你的演讲言之有物的三种新知识吸收法	148
第四节	让故事有趣的七种武器	152
第五节	冷场后，自我解嘲要牢记的三大原则	157
第六节	给听众留下好印象的五种结尾方法	160
第七节	公众面前，应对挑衅的四个妙招	164
第八节	即兴演讲——以尊重赢取尊重	168
第九节	即兴演讲时，保持谦虚的三种做法	172
第十节	透露内心的七种腰部动作	176

第五章　掌控演讲现场的绝招　179

第一节	从头部姿态分析对方的三种意图	181
第二节	灵活运用眼神的六种方式	185
第三节	即兴演讲的六招禁忌手势	190

第四节	腿脚动作表示的暗示	193
第五节	即兴演讲站姿中的十要两不要	197
第六节	从三种坐姿看别人的世界	199
第七节	从十三种"眉目传情"教你参透人心	202
第八节	即兴演讲要注意的三种"声音"要诀	204
第九节	说话简洁、恰到好处的三种做法	206
第十节	提高"吸引力"的十种方法	208
第十一节	需要规避的十五种禁忌	211

第六章 掌握多种场合即兴演讲的技巧   217

第一节	竞聘演说的五大禁忌和五大注意事项	219
第二节	颁奖辞的四大特点和五大注意事项	222
第三节	答谢词的四大要求和九大注意事项	225
第四节	祝词的六大注意事项	229
第五节	求职面试时即兴演讲有八招	231
第六节	电梯演讲的三个脚本	235
第七节	座谈会即兴发言的五种技巧	237
第八节	婚宴致辞五大注意事项	240

第一章

寻找讲话机会，当众展示你的魅力

　　口才决定命运，是否具有即兴演讲的能力，对一个人事业的成败起着非常重要的作用。即兴演讲能力强，不仅能增长个人魅力，还能消除人生路上的障碍，为成功创造良好的条件；反之，会丧失很多机会。能否赢得好感与青睐，第一印象起着极其关键的作用。一个即兴演讲的高手都懂得想方设法地在第一时间内给对方留下好印象，先入为主地拉近彼此之间的关系。他们往往会把握最佳的说话时机，投其所好，以实现自己的目标。

第一节
即兴演讲能力是人生成败的分水岭

随着社会的飞速发展,即兴演讲已经成为人们必备的能力,成为衡量一个人实力的重要标尺之一。

擅长即兴演讲的人,通过交流就能够迅速把握对方的意图,从而加深彼此之间的了解,建立起比较良好的人际关系,从而达到预期的目的。

相反,不善于即兴演讲的人,则往往难以将自己的意图完整地、完美地表达出来,这样,他可能无法与他人进行有效的沟通,在事业上将会很难突破,最终很难出人头地。

因而,从某种意义上讲,即兴演讲是人生成败的分水岭。

在美国南北战争刚刚结束时,参加过战争的士兵爱伦和将军陶克要一起竞选国会议员。

陶克将军功勋卓著,而且在战后也曾经担任过三届国会议员,对于爱伦而言,陶克显然具有十分明显的优势。然而让人意想不到的是,一场竞选演说之后,爱伦却在不经意间击败了陶克,并且取得了竞选的最后胜利。

即兴演讲：关键时刻不能输在表达上

在竞选的时候，陶克将军是这么说的："诸位同胞们，就在17年前的今天晚上，我率军在茶座山中与敌人进行殊死搏斗。在激烈的血战后，我在森林里睡了整整一个晚上。倘若大家没有忘记那次艰苦卓绝的战斗，请在选举的时候也千万不要忘记那个吃尽苦头、风餐露宿而屡建战功的人……"

陶克将军想用自己出色的战绩暗示那些选民，唤起他们对自己的信任，从而取得竞选的最终胜利。就这样，他的演讲赢得了一阵掌声和欢呼。

很快，轮到爱伦发表演说了。

爱伦用低缓、深沉的语调对众人说："女士们、先生们，陶克将军说得非常不错，他确确实实在那次战争中立下了战功。那个时候，我是他手下的一个小兵，每时每刻在替他出生入死地工作。陶克将军刚才讲到的那件事让我深受感触，因为当他在森林中安睡的时候，我还携带着武器站在荒原之上守卫着他……"

就这样，爱伦的话音一落，大家都立刻报以更加热烈的掌声。

作为一个参战的小兵，爱伦如果要和将军比战功，显然他一定会处于劣势位置。然而他却非常善于即兴演讲，善于从陶克将军的讲话中寻找空子。于是他避开战功不谈，紧紧抓住战争年月中陶克将军在森林里露宿这个小片段，将其延伸了下去，还将自己露宿的这件事的重要性突显出来了。

爱伦非常巧妙地说了一句话，就让广大选民们很清楚地认识到，将军的丰功伟绩其实是由无数个和爱伦一样默默无闻的小兵汇成的。这就十分有力地说明了，在战争时代，小兵们比将军更艰辛，因为他们将要面临更多的危险。

两相对比，选民们自然就更倾向于选择爱伦了。

更巧妙的是，爱伦的话并没有丝毫诋毁陶克将军的意思，从表面看他只是在讲一个小故事，只是比陶克将军讲得更加深入而已。

爱伦在竞选中胜出，不一定是才干突出，而是他具有的出色即兴演讲的能力相当明显。

"酒香不怕巷子深"。一个人有才干却没有口才，或许可以获得巨大的成功；但是既有才干又有口才，成功的概率就会很高。这到底为什么呢？因为对竞争对手来说，他们之间才干的差异微乎其微，而口才才是决定高下的关键——许多机遇都需要依靠出众的口才来把握。

或许，我们会觉得自己仅仅是一个非常普通的人，做的是非常普通的事，口才好不好丝毫影响不到自己，至于即兴演讲能力，更是无关紧要的事情。

然而这种想法会给你的人生和事业带来一定的负面影响。这到底是为什么呢？那是因为对你了解不深的人，特别是你的顶头上司，常常会根据你的言谈举止来衡量你的综合素质，认识和判断你的道德修养、思想品质、业务能力及工作作风等。

倘若你拥有出众的口才，在公众场合，对方就可以很快对你进行全面、深入地认识与了解，从而信任你、欣赏你，会说话的能力

即兴演讲：关键时刻不能输在表达上

强会给你施展才华的机会。相反，如果你没有出众的口才，在公众场合说话的能力比较差，则很容易会被人们认为综合素质不高，从而失去众人对他的信任并且失去施展才华的机会。

一般情况下，拥有良好的口才或高超的语言表达能力的人，是能够经常获得"机遇女神"青睐的。

下面这个故事或许可以给你一些启发。

这是我亲眼目睹的一件事。

每天下班回家的时候，我都要经过一个商业广场。只要天气好，广场上就有许多年轻男女，或者从那里匆匆路过，或者坐在那里休息，或者在那里给自己的朋友打电话。我心想，他们中一定有很多人是等待与情侣约会的。

正由于人流量大，广场周边有很多叫卖的小贩，也有派发传单、广告的人，还有两个擦鞋的妇女。

有一天，我约朋友一起吃晚饭，朋友下班晚，所以我便在时代广场上等待。在无意中，我听到那两个擦鞋妇女的对话。

"女士，您需要擦擦皮鞋吗？我会擦得又光又亮。"其中一个妇女突然走到我的面前，热情地问道。

"不需要！我的皮鞋并不脏。"我回答道。

我觉得，在即将夜幕降临的黄昏破费去"买"个"又光又亮"，实在是太没必要了，因此就毫不犹豫地拒绝了。

就这样，那个妇女略带失望地离开了。

"女士，约会啊？请先擦一下皮鞋吧！"过了两分钟，另一个妇女又出现在我的面前。

"不,不是……"我听了,有些腼腆了。

"那您有必要擦皮鞋了!我知道倘若不是在等重要的人,那么您一定早就回家去了……"这时,那个妇女笑了笑,然后就递给我一张凳子,并在我面前蹲下来,准备开始工作。

"那,那好吧!"一听到等重要的人,我立马意识到今晚约朋友吃饭,是要谈重要的事,形象问题是绝对不能忽视的——皮鞋虽然不脏,但是倘若擦一擦不是会更好吗?

这件事后,我对那个擦皮鞋的妇女顷刻间有些刮目相看了。擦皮鞋虽然不需要任何学历和资质,但她却具有极好的即兴演讲能力,一下子就可以抓住顾客的心理——而且是在公共场所,说得这样得体、动人。

不难看出,无论从事什么行业,即兴演讲能力对一个人能否成功起着极为重要的作用。

如果是一个即兴演讲能力强的人,那么他不仅能够准确、贴切、生动地表达自己的意图,给人以深邃、睿智、风趣的感觉,还能够展示其魅力和才干,让别人非常乐意地接近他、信任他;反之,一个即兴演讲能力差的人,那么将很难赢得他人的欣赏与关注,无论是在求职上,还是在职场、官场的升迁中,都会处于劣势地位,从而失去很多机会。

从某种程度上讲,即兴演讲能力是人生成败的分水岭,我们的人生是四处碰壁、寸步难行,还是逢凶化吉、左右逢源,关键是看我们即兴演讲水平。

第二节
即兴演讲能够打开人生机遇之门

不同的机遇造成人与人之间在生活与事业上的巨大差异，有时候，偶尔一次机遇就可以改变一个人的人生轨迹。虽然说机遇面前人人平等，但是能否抓住机遇则取决于个人。善于即兴演讲的人，比较容易受到机遇的青睐。

因此，一个人的口才不仅与其运用语言表达技巧的熟练程度有关，还与其思想水平密切相关。在与人交往的过程中，凡是准确、精辟地表达，一定是以深刻、有条理的思想做后盾的。

一般情况下，想得好的人不一定能说得好，但是说得好的人则一定是想得好。有人说："表达的新颖来自思维的创造性，表达的准确来自思想的清晰，表达的质量来自思想的深刻。"由此可见，善于即兴演讲的人，其综合素质往往比较高。

在这个世界上，每个人都想牢牢地把握机会，掌握命运的主动权。但是机遇从来不会等人，它需要靠我们的智慧积极地争取。因此，我们要借助优秀的表达将自己"推销"出去。

只要我们有良好的即兴演讲能力，能够在面临机遇时及时地将自己的思想观点"推销"出去，赢得他人的认同和信任，就可以抓

第一章 寻找讲话机会，当众展示你的魅力

住机遇，为自己的人生铺好路，一步步地达到成功的目的。

有这样一个故事流传了很多年，它一直给我们深刻的启发。

某演员19岁时加入了香港TVB，成了一名演员。当时他的目标只有一个，就是成为一名地地道道的、能够独当一面的男一号。可是他日复一日年复一年地工作，十年的时间不知不觉过去了，他回头一看，自己还在演那些配角——跑龙套的角色。

有一天，又要续约的时候，他从容地对艺人部经理说："经理，我想您可能不知道在公司里面还有我这个人存在，我叫×××，我在公司已经有十多年的时间了，所有角色我几乎都演过，现在我已经完完全全地准备好了，我准备好红了，但是现在我只是欠缺一个机会，一个当男一号的机会。倘若您能给我这个机会，我将来一定可以帮TVB赚大钱。"

艺人经理直直地看着这个演员。

这个演员接着说："假如您问我续约后要求多少工资，我倒是无所谓，您可以随时给我一份合约。上面不用填工资，我先签，签完后您拿回去再填写。为什么要这样呢？因为对于我个人而言，我今天要的并不是钱，而是一个机会。"

经过某演员的一番话，艺人经理被感动了。

果然，几个月之后，某演员终于等来了出演男一号的机会，很快他出演了第二部、第三部、第四部甚至更多部戏的男主角，并且收视率一部比一部好。

就这样，某演员靠一张会说话的嘴为自己赢来了一个

即兴演讲：关键时刻不能输在表达上

"红"的机会。

从这个故事中不难看出，**是否掌握即兴演讲的技巧，甚至可以决定一个人的命运。**

其实，生活中即兴演讲的作用，虽然没有上述这个故事中的那么夸张，但是对我们能否打开机遇的大门确实有着相当巨大的影响。

这到底是为什么呢？这是因为很多事情的竞争，尤其是高级职位的竞争，最终会归结到即兴演讲的竞争上。总而言之，一个具有出色的即兴演讲能力的人往往会成为最后的赢家。

在竞选总统的前夕，林肯在参议院演讲的时候却遭到一位议员莫名其妙的羞辱。那位议员是这么说的："尊敬的林肯先生，在你开始演讲之前，我希望你记住自己是个鞋匠的儿子。"

面对竞选对手的挑衅，林肯即兴演讲的水平很快就彰显出来了。他不卑不亢地说："我十分感谢你让我记起了我的父亲，可是他已经过世了。请相信我一定会记住你的忠告，因为我知道我做总统无法像我父亲做鞋匠做得那样好。"

这个时候，参议院立马陷入了一片沉默，众人都被林肯敏捷的反应能力惊呆了。

接着，林肯对那位傲慢的议员热情地说道："据我所知，我父亲以前也为你的家人做过鞋，如果你的鞋不合脚，我能够帮你修正。虽然我并不是伟大的鞋匠，但我从小时候起就跟我的父亲学会了做鞋、修鞋的技术。"

那位议员没想到林肯并没有直接反驳他，还非常自信地将他的话题接了下去，并牵扯到自己身上，因此一下子羞红了脸，一时不知道到底应该说什么好？

紧接着，林肯又对大家说："对参议院的任何人都一样，倘若你们穿的那双鞋是我父亲做的，且需要修理或改善，我会竭尽全力帮忙。但有一点是可以肯定的，我父亲的手艺是无人能比的。"

就这样，之前所有的嘲笑都化作了真诚的掌声，所有人都被他即兴演讲的水平折服了。

也有人批评林肯对待政敌的态度："你为什么想把他们变成自己的朋友呢？你应该想方设法地打击他们、消灭他们才对。"

"我们难道不是正在消灭自己的政敌吗？当我们成为非常要好的朋友时，政敌不是在不知不觉间不存在了吗？"林肯非常温和地说。由此可见，将敌人变成要好的朋友，这就是林肯消灭政敌的方法。

在这个故事中，面对政敌的冷嘲热讽，林肯并没有恼怒，而是报以宽容。他以出众的口才击败了对手，赢得了大家的一致赞美。他曾经两度被选为美国总统，并被人们认为是"美国历史上最伟大的总统之一"。

由此可见，**好口才能够帮人打开成功之门。**

"说的一口漂亮话"，是一个人出门在外的"敲门砖"。一个人如果能够拥有出众的口才，一开口就能够打动对方，并且赢得对方的好感。

在现实生活中，每个人都是社会的一分子，所以他们都需要与他人进行沟通和交流。即兴演讲是最重要的沟通方式之一，已经自然而然地成为很多人获取成功的重要法宝，因为它能够帮助我们非常迅速地抓住机遇，并且非常顺利地将自己推销出去，创造良好的条件使自己的事业一步步地走向成功。

总而言之，拥有即兴演讲的好口才，如今已经成为许多成功人士共同的特点。

经过调查研究发现，成功者大多数都是能言善道，失败者大多数都不善言辞。口才好的人，讲话里闪烁着真知灼见，往往会给对方留下良好的印象，他们也必然会成为社交场合的佼佼者。因此，他们取得事业成功的机会就比普通人大得多。

卡耐基说："如果你的口才好，可以使众人都喜欢你，可以结交很多要好的朋友，可以开辟美好的前程，使你获得满足。如果你是一位律师，好口才可以吸引一切诉讼的当事人；如果你是一位店主，好口才能够帮助你吸引许多顾客光顾。在我们的周围，有许多人因为他们善于辞令，因此而擢升了职位……有许多人因为他们能说会道而获得荣誉与厚利。你不要认为说话是微不足道的小节，你的一生的一大半成就都受说话艺术的影响。"

因此，在当今社会，我们要成为最后的赢家，就一定要敢于表达、善于表达，要具备较强的即兴演讲能力。

第三节
敢即兴演讲，才能有效说服他人

这是一个人际交往越来越频繁的时代，说服慢慢地成为我们工作或生活中实现自己的目标，或者争取占据有利结局的重要手段。

说服是一门艺术，是一个人综合素质的具体体现，也是一个人影响力的具体体现。不同的人，其说服力也不一样，但要实现说服对方的目的，都需要具备相同的能力，那就是较强的即兴演讲能力。

一些专家学者在发表某些言论时，总能让很多人对其极其信服。这似乎并不能证明他们即兴演讲的能力有多强，但我们可以这样设想一下：

倘若他们没有较强的即兴演讲能力，而且不明白听众的想法，不了解听众的心理承受能力，或者只是一味地信口开河，他们的观点和看法能够得到听众的认可吗？听众能认为他们专业、权威吗？肯定不能。

我们之所以感受不到权威专业人士即兴演讲的能力有多强，是因为他们的即兴演讲能力已经完全融入其综合素质之中，在说话时不显山露水而已。

即兴演讲：关键时刻不能输在表达上

而我们普通大众，在生活中要想为某事而说服某人，就必须有较强的即兴演讲能力。 为什么会这样呢？这是因为面对听众，我们只有轻松自如地表达自己的观点与主张时，才能够一步步地接近自己的目标。

有一次，一位作曲家邀请罗西尼先生去聆听他的演奏会。

起初，在作曲家刚开始演奏的时候，罗西尼听得饶有兴致。但是没过多久，他的脸上竟然浮现出了很难看的表情。

这到底是怎么回事呢？原来，他发现那位作曲家所演奏的并不是自己原创的曲子，而是剽窃了自己的一位老朋友的作品。

碰到这种事情，他感到非常生气，想立马当面拆穿作曲家的剽窃行为。

但是罗西尼考虑到如果当着所有听众的面斥责这位作曲家，一定会使他名誉扫地，也会让他的自尊心受到极大的伤害。

这个时候，罗西尼突然想到了一个很好的主意——他将自己头上的帽子摘下来又戴上去，并把这个举动反复做了很多次。

看到这种情形，作曲家感到十分奇怪，于是便非常热情地问他演奏大厅是否太热。

罗西尼回答道："不是的，只是我有一个习惯，当我遇到自己的老朋友的时候，我都要脱帽致敬。在阁下的演奏中，我一次又一次地遇到了我的一位老朋友，所以我才不停地脱帽致敬。"

或许是出于天性，罗西尼对这位作曲家的剽窃行为感到极为不满，但如果在大庭广众之下指责他模仿了自己朋友的作品，那么他一定会十分难堪。因此，罗西尼用一种十分隐晦、含蓄的措辞表达了自己的想法。

在生活中，倘若一个人偶尔犯了一些小错，但是这绝对不代表他做任何事情都是错的；一个人做了很多正确的事，也绝对不代表他以后永远不会犯错。

因此，当你发现别人犯了一些小错，想要认真地指正出来时，你就一定要掌握一定的方式、方法。如果批评得太直接，就会很容易招致对方产生抵触心理；如果你的批评太轻微，对方可能无法意识到自己的错误。

只有委婉、含蓄地提出批评意见，才会让对方在不经意间意识到自己所犯下的错误，并且非常高兴地接受，加以认真地改正。当然，即使采取委婉、含蓄的表达方式，也必须遵循"不虚美、不隐恶"的原则。

除此之外，当你想对一个人委婉地表达自己的想法和观点时，最好不要使用一些艰深晦涩的词汇。当然，使用委婉语言的目的是要让对方听懂你所表达的意思，但如果只是一味地追求奇巧，对方很可能根本搞不懂你在说些什么，甚至还会在不经意间误解你的意思。

采取委婉、含蓄的表达方式，既不会伤害到对方的自尊，而且双方都可以心照不宣，从而不至于破坏交流的气氛。与此同时，还可以达到说服对方的效果，照顾到对方的情况。

在现实生活中，无论是你想说服对方，还是进行商业谈判，或者是让下属心悦诚服地服从自己，你就一定要具备足够的胆量和优秀的即兴演讲能力。如果你不敢即兴演讲，那对你的人生、事业是十分不利的。

不敢即兴演讲，会使你的才干被埋没，得不到上司的赏识。 上司说什么就是什么，不敢提出你的反对意见，那么你的好点子将不会被人们知道，你的优秀才华将不能非常充分地发挥出来。

如果不敢即兴演讲，则会使上司对你的才干产生怀疑。 因为这是一种消极的行为方式，表现的是人性中不进取、强大不起来的一面。但是许多工作的开展，特别需要人的勇气、毅力、坚忍、果断、积极主动的态度和创造性精神。

很显然，不敢即兴演讲的人不会让上司感到放心，所以他也就不敢对你委以重任了。一个下属，不能替上司做大事，又怎么会获取上司的青睐？

一旦你给上司留下缺乏才干、没有气魄的印象，你将会失去许多宝贵的机会。毕竟，每一个人都希望自己能够有所作为，而绝不是永远只停留在被领导的位置上。

不敢即兴演讲的人，难以创造出出色的工作业绩。这样的人有一个共同点，那就是他的依赖性比较强，不能脱离上司的直接指挥和明确指示而独立地开展工作。显然，这样的人在工作中也是极其谨小慎微、胆小怕事的，而且更不敢有所创新和越雷池半步。

试想一下，上司之所以把一部分工作交给下属去做，是因为他觉得下属能够很好地完成它。如果你需要事事都能得到上司的确切命令才能行事,这就等于把他分配给你的工作又踢了回去,他一定会非常不高兴。

其实,做任何事都离不开勇气和口才,许多工作还需要人的创造性,没有或者缺乏这方面的能力,就难以出色地完成工作任务,就不会有优秀的业绩。一个没有优秀业绩的人在上司眼里永远都是不合格的。

如果你想战胜内心的恐惧而即兴说话,那么请从现在开始慢慢地练吧!当你敢于即兴说话时,才能更加有效地说服对方,从而达到自己的目的。那么请牢牢地记住:敢于即兴演讲是成功的第一步。

第四节

即兴演讲助你赢得好人缘

生活就是每个人即兴演讲的舞台。平时,我们都不可避免地要与他人进行交流。良好的即兴演讲能力源于生活,也会对生活带来积极影响——它能让我们比较顺利地与他人沟通,赢得他人的信任,进而赢得好人缘。

当年,时任法国总统的戴高乐访问美国,这个时候尼克松为他举行了欢迎宴会。在会场的时候,尼克松夫人布置了一个美观的鲜花展台——在一张马蹄形的桌子中央，鲜艳夺目的鲜花衬托着一个非常精致的喷泉。

戴高乐一眼就看出来，这是女主人为了欢迎他而精心制作的，不禁赞叹道："为举行这一次正式的宴会，夫人肯定花了大量时间来进行漂亮、雅致的计划与布置吧！"

尼克松夫人听后，感到非常高兴。事情过后，她对自己的朋友说："很多前来拜访的大人物，要么不加注意，要么不屑向女主人表达谢意，但是聪明的戴高乐总统却能够想到别人……"

在很多人看来，尼克松夫人所布置的鲜花展台，只不过是她作为一位总统夫人的分内之事，所以根本没有什么值得称道的。

聪明的戴高乐将军却领悟到了其中的苦心，并因此极其真诚地向尼克松夫人表示了特别的肯定与感谢，从而很快地赢得了她的好感，也为接下来轻松、友好的访问创造了一个非常良好的氛围。

心理专家研究发现，在这个世界上每个人都要面子，都喜欢别人赞美自己，尤其是在公众场合。一个人如果能够发现别人的优点和长处，说话的时候懂得给别人一个台阶下，恰如其分地赞美他，就能够在最短时间内获得他的好感，赢得他的青睐，从而为友好沟通创造一个良好的环境。

卡耐基先生曾经向人们讲述过这样一个故事。

一位女顾客来到一家百货公司，要求退回一件西服。然而这件外套她已经穿过了，只是因为丈夫很不喜欢才退掉的。她撒谎说："绝对没穿过。"

女售货员王虹检查了西服，发现上面明显有洗过的痕迹。但是倘若她直接向顾客说明这一点，她认为顾客是绝对不会轻易承认的，因为她已经说过"绝对没穿过"，而且还非常精心地伪装了没穿过的痕迹。

这个时候，王虹心想：此事如果处理不好，不仅会发生争吵，还会影响到整个百货公司的形象。

想了一会儿，王虹笑了笑，很平静地说："我很想知道，你们家是不是有人把这件衣服错送到了干洗店去呢？记得上周我也发生过同样的事，我把一件刚买的衣服和其他衣服一起堆放在沙发上，结果我的丈夫没注意，一不小心就把这堆衣服一起塞进了洗衣机里。我怀疑你是否也遇到了这种事——因为这件衣服可以明显地看出已经被洗过的痕迹。如果你还不相信，可以跟其他衣服比一比。"

女顾客看了看衣服，王虹为自己的过错准备好了一个好借口，便给了她一个台阶下，说可能是丈夫在没有注意的情况下将衣服送到了干洗店，就顺水推舟地收起了衣服。

王虹乘机向女顾客推荐一些新款式，并跟她聊这些新款到底适合在什么场合穿。

女顾客不好意思立马就走，就接着王虹的话题往下聊。结果，聊着聊着两人越来越投机，女顾客最终非常认真地挑选了一件时尚的新衣服，并且非常满意地回去了。

这件事顺利地解决了，它看起来似乎微不足道，但是却彰显着售货员王虹卓越的即兴演讲能力。

顾客来退货是抱着蒙混过关的心理的，可是她依然要面子。试想一下，假如王虹不顾及顾客的面子，那么她很可能会为了自己的面子而战——无论她做得正确与否，都会毫不犹豫地争论到底。而聪明的王虹十分明确地指出了她已经穿过那衣服，根本不符合退货条件，但是她给了她足够的面子。此时此刻，她不好意思再继续坚持，所以只好自己借一个台阶下了。

不仅如此，王虹还乘机向顾客推荐新款式。顾客因为王虹给她留了情面而对王虹产生了好感，因王虹的热情推荐而又买了一件时尚的衣服。

因此，王虹利用卓越的即兴演讲能力将一场"危机"转变成了"商机"。

一般情况下，会为了自身利益很多人往往会编造各种各样的谎言，企图蒙混过关，但他们也是一个非常爱面子的人，他们把面子看得比什么都重要。但是倘若他们的谎言被揭穿，他们就很可能转移注意力，为了自己的面子而战。因此，**既要揭露他们的谎言，又要让他们心服口服，甚至对你不抱敌意，而且心怀感激，那就需要高超的即兴演讲能力了。**

从这个角度讲，一些人之所以有好人缘，是因为他们具有优秀的即兴演讲能力。由此可见，即兴演讲在与人交流沟通时起着何等重要的作用。

第五节
学会即兴演讲，助你一步步走出困境

即兴演讲是一门学问，一门艺术，也是一种智慧。当今世界，人与人之间的竞争变得越来越激烈，除了拥有融入社会、参与竞争、迎接挑战所具备的知识和技能外，优秀的沟通能力，尤其是即兴演讲能力能够给我们的事业"保驾护航"，能够增加我们成功地砝码，能够帮助我们实现渴望已久的梦想。

即兴演讲能力强的人，不仅能够清晰、流畅地表达自己的意图，而且能够为顺利实现自己的目标创造条件。尤其是风趣幽默的人，更容易得到大众的喜爱。因为幽默是智慧的闪现，幽默的人往往被认为是充满智慧的。

很久以前，古希腊有位非常著名的寓言大师叫伊索。年轻时，他在一个非常有钱的人家当奴仆。有一次，主人设宴庆贺，前来参加的大多都是著名的哲学家。主人令伊索备办佳肴待客，伊索便专门收集各种动物的舌头，办了一个"舌头宴"。

吃饭时，主人大吃一惊，他惊奇地问："这是怎么回事？"

伊索听了，立刻回答道："您吩咐我为这些尊贵的客人办最好的菜，舌头是引导各种学问的关键。对于这些著名哲学家来说，'舌头宴'难道不是最好的菜吗？"

客人们听后，都发出了赞赏的笑声。

主人又吩咐道："我明天要再办一次酒席，菜一定要最坏的。"

第二天开席时，上的菜依然是"舌头宴"。

看到这种情形，主人大发雷霆，责问伊索其原因。

伊索非常从容地说："难道世上的一切坏事不是从口中出来的吗？因此，舌头不仅是最好的东西，同时也是最坏的东西啊！"

主人听后，虽然已经恼羞成怒，但是他却也无话可说。

从这个故事可以看出，伊索具有高超的智慧。因为他的语言艺术高、风趣幽默，不仅巧妙地揭示了说话对人的影响，还让主人无言以对。由此可见，语言可以充满智慧，其威力也是巨大的。

事实上，与人交往时，如果能当众说几句充满智慧的话，不仅可以"化险为夷"，而且还能展现自己的魅力，让对方心服口服。

有一次，著名文学家普希金正在一家餐馆里吃饭的时候，一个贵族打扮的男子立马认出了他。那个男子想打趣一下普希金，让他当众出丑，便上前调侃道："尊敬的大诗人，看起来你的口袋已经被装得满满的啦！"

普希金立马就听出了话里的调侃意味，他顺势看了看周围的食客，心想：假如不搭理他，他就会继续放肆下去，这样会让自己显得更难堪；如果直接回击他，将会导致他下不来台，最终为了维护自己的面子，与自己死磕。

普希金轻轻地瞥了那个贵族男子一眼，然后非常幽默地说："当然，相对你来说，我肯定还是要阔绰一些。当你的钱花完了，也会闹穷，倘若家里不再给你寄钱，那么你很有可能将无法在这里生活下去。可是，我却完全不同，因为我有永恒的经济来源……"

"永恒的经济来源？那么你永恒的经济来源是什么呢？"那位贵族子弟带着不解和不相信的语气轻声问道。

"那不就是俄文的33个字母吗！"普希金笑了笑。

那个贵族男子被呛得一句话也答不上来。其他顾客见了都忍不住笑了起来，他们都由衷地佩服普希金的聪明才智。

在某些公共场合，或许你根本没想着去为难别人，但是没有人能够保证别人不会费尽心机地让你出洋相的机会。这个时候，如果你没有高超的即兴演讲能力，那么结果要么是受辱，要么是激发矛盾，闹得不可开交。

一个出色的演讲者往往会利用完美的口才向对方进行有限的反击，从而化解尴尬，让他知"趣"而退，并赢得他的尊重。

第六节
在演讲时能够突破限制的三种方式

人与人之间的猜疑、不和、纠纷、冲突，某些时候可能会上升到用暴力方式解决的程度。这个时候，排除根本的利益或价值观因素之外，最大的原因可能就是沟通不畅。但是只要进行充分的沟通，就有可能化解纠纷和冲突，达成广泛的一致。

虽然理论上如此，但是实际上往往却事与愿违。因为，无论一个沟通高手怎么与对方沟通，都可能无法实现完全的、充分的沟通。

沟通的背后不仅仅是利益和价值观的体现，还有人对事物的认知。而利益不可能均分，价值观不可能完全一样，更重要的是，每个人的认知本质上就带有偏见的成分。英国《金融时报》专栏作家蒂姆·哈福德在谈到人认知的客观性时说："客观只是一种错觉。"

这就决定了沟通本身就存在着先天缺陷，要想达到相互理解，就更加困难。

沟通要么传达一个信息，要么表达一种感受，要么提出一个祈求，要么申明一种主张。其目的是要寻找理解，形成共识，统一意见，达成一致，实现想要的结果。

沟通的方式既可以是书面的，也可以是口头的；既可以是正式的，也可以是非正式的；既可以是单向灌输式的，也可以是双向互动式的。但无论何种形式的沟通，都存在以下两个影响沟通效果的天然屏障。

（1）沟通本身的缺陷，即"沟通漏斗"和"沟通冰山"模式的存在。

（2）人类认知的偏见，即意象与真相的混淆。

如果再加上语言、习俗、角色、心理、位差等沟通障碍，就会使沟通变得极其困难。但是擅长即兴演讲的人却能想尽一切办法突破沟通障碍，实现最佳的沟通效果。

有一次，爱因斯坦去参加一个晚会。有一位老太太非常热情地对他说："爱因斯坦先生你能获得诺贝尔奖，你真是太伟大了，竟然得诺贝尔奖了。"

爱因斯坦听了，立马非常谦虚地回答："哪里哪里。"

"尊敬的先生，我听说你得诺贝尔奖的论文叫'相对论'。那么相对论到底是什么呢？"

问这话的是一个老太太，所以到底应该怎么回答她呢？能量等于质量乘以光速的平方？跟她讲这种相对论的公式，她怎么能够听得懂呢？

对于爱因斯坦来说，在这种公开场合如何回答这个问题，无疑是一次极其严峻的考验。

但是爱因斯坦即兴演讲的能力却是很出色的。他立马给老太太打了个比方："亲爱的太太，假如晚上十二点钟你的女

即兴演讲：关键时刻不能输在表达上

儿还没有回家，你在家里焦急地等她，十分钟真是太久了。那么亲爱的太太，倘若你在纽约大都会歌剧院听歌剧《卡门》，十分钟是不是很快就会过去？"

"那当然真是太快了。"

"所以啊，你看两个都是十分钟，但相对情境不同，这就是相对论。"

"原来是这样。尊敬的先生，我终于弄明白了。"

爱因斯坦的话刚刚说完，会场上顿时响起了热烈的掌声。

在公共场合，一个完全不懂行的人问你一个非常专业的问题时，你怎样在最短时间内向其讲清楚，这对任何人来说都是一个考验。其实，对大多数人来说，这就是所谓的"刁难"。

但是在公众场合无论对方是否有刁难的意思，我们都不能视而不见、听而不闻。此时，即兴演讲能力强的人，往往会语出惊人，借用比喻等修辞手段将复杂的事解释得十分通俗易懂，让对方十分容易理解。

与人沟通时，我们难免会遇到障碍，那么怎样做才能够突破障碍呢？

1. 在沟通中要全神贯注

由于一心不可二用，分心很容易造成一些错误，因此你在沟通时你要停下手中的所有工作，把你的全部心思放在对方身上。为什么要这样做呢？这是因为除了"有声的"沟通外，还有"无声的"沟通，如眼神、面部表情、动作等，这些都需要通过认真观察才能体会。

与此同时，你还一定要用心聆听对方的话语，并且尽力捕捉关键词，从而领悟他的语调、语气。

2. 在沟通中进行重复或确认

对于一些数字、日期或重要的词语，你一定要重复一遍。为什么要这样做呢？这样做是为了表示已引起关注或确认，也可以将整个沟通交流过程进行简要复述，表示理解或确认。这是非常有助于达成共识的，会让对方放下疑心，为什么会这样呢？因为这表明你已经接收到他的信息并且完全理解了。

3. 在沟通中及时关心对方

当你接收到对方的信息后，你完全可以根据他的明示或暗示及时用自己的实际行动加以证实。这个时候，你完全可以这样做，比如按要求打开窗户、递上热毛巾等。当你真正做到这些时，就会使双方的认识在不知不觉中达成一致。

如果有必要，你完全可以在沟通交流时进行及时的"记录"，把一些重要的信息或者事项写下来，这样做不仅能够表示你对此次沟通交流的重视程度，更能够把错误率降低到最低。

第七节
即兴演讲时，要学会"热爱"丢脸

艾尔就要在公司综合评议会上做报告了，具体时间确定以后，他就再也没有睡过一个好觉。他甚至想请病假，逃过那难熬的讲话。

他上学时就已经这样了：不敢在课堂上做报告；每当面试时，两腿就不由自主地瘫软。结婚的时候让他十分庆幸的是，他正好得了喉炎，这才侥幸地躲过了当天的讲话。

在心理学家看来，这种行为是极为普遍的："害怕丢脸，害怕即兴演讲，和害怕蛇、害怕空旷一样常见。55%的人害怕这种场合，将近1/3的人放弃过当众表达想法的机会。"

在我们周围，很多人不敢即兴演讲，一开口就语无伦次，原因就是怕丢面子，怕出丑。因此，一个有远见的人，为了避免在公共场合丢面子，就会努力锻炼自己的即兴演讲能力。

世上没有天生的演讲家，著名演讲家李燕杰在谈到演讲经验和体会时曾经这么说："我出生在一个贫苦的知识分子家庭，父母都是教师。我从小不爱说话，更不敢在大庭广众之下讲话。上大学时，连在小组会上都不敢当众发言，班主任还专门找我谈话，让我加强锻炼。后来一有机会，我就硬着头皮上台发言，练习多了，就学会对群众讲话了。当了老师之后，讲话的机会更多，逐渐就成长为一名出色的演说家。"

不难看出，李燕杰的即兴演讲能力是逐渐练习出来的。不过，要练习好即兴演讲能力，首先一定要有勇气，先敢于即兴演讲"丢脸"，然后才能即兴演讲"不丢脸"。

主持人×××有"名嘴""铁嘴"的雅号，因为他的嘴巴确实十分厉害。其实，他小时候嘴巴并不灵巧，虽然爱说话,但是总说不好,因为他有点口吃,因此说起话来总是结结巴巴。

上初中的时候,有一天,老师对他建议道:"×××,学校组织演讲比赛,我看你挺会说话的,你也报名参加吧。"

"哟,演讲怎么讲?"他非常疑惑地说。

"就像写作文一样,你写篇稿子,上台将它背出来就可以了。"

"原来是这样啊,那好吧。"他犹豫了一会儿,然后勉强地答应了。

然后,他回去就写演讲稿,写完后就开始背。

他还发明了一个背诵方法,把每个自然段第一个字作为关键字记住,一想到这个字就可以非常顺畅地背下来。他让妈妈考他,妈妈只要任意一提其中一个关键字,他就能够将对应的段落非常流利地背下来。

可是,演讲那天,×××一上台就发怵了:"哎,为何感觉跟家里不一样呢?"当然,家里没人,但这时台下有一千多人,看起来竟然是黑压压的一大片。

此时,他一下子变得有点惊慌,赶紧背诵第一段。第一段背完之后,就又想到第二段的第一个字。想起来以后,第二段也背下来了。

在想第三段的第一个字的时候,麻烦就突然出现了:"这个字到底是什么呢?"可是,他一时之间怎么想也想不出来。这时,也没有妈妈在旁边提醒,他最终还是没想出来。一紧张,他整个脑袋突然之间变得一片空白,什么都记不起来了。

他再往下一看,台下有人开始交头接耳,议论上了。

足足有半分钟,他竟然一句话也没有说。他越来越害怕,最后突然感觉自己的裤子湿了:"坏了,尿裤子了。"

结果,他无可奈何地跑下台去了。

第二天,他来上学的时候,觉得很难为情,仿佛全校的女生都在死死地盯着他看。

老师对他说:"×××,你昨天虽然没有朗诵完,但是前面两段朗诵得挺不错的,如果能够全部背下来就一定能拿个名次。你知道吗,这一次我们学校的演讲比赛是为区里的演讲比赛做选拔的,根据你昨天的表现,学校决定让你到区里参加演讲比赛。"

这时,他心想:天哪!昨天竟然演讲出了洋相,今天还要继续参加比赛?后来,他回忆这段往事时说:"我一听老师还让我参加区里的演讲比赛,连我自己都没有想到我竟然答应得非常痛快。"

这到底是怎么回事呢?因为他想:"我昨天当众尿了裤子,丢人已经丢到家了,那么在这个世界上还有比这更丢脸的事吗?无所谓了,去参加一下,说不定还能够挽回一点面子,甚至还可以拿个名次回来。"

结果,他这一去,还真拿了个名次回来。他说:"从那件事情过后我就有点变了,反正已经"不要脸"了,还有什么所谓呢?卸下这个负担以后,我觉得自己还可以,也能够经常在这种场合露露脸。"

中国人传统上都比较内向，很多人一起听你讲话的机会很难得，要珍惜每一次即兴演讲的机会，让自己积累一些挫折、积累一些出丑的经验，只有这样做了才能够放下自我。

这次出丑了，你们笑话我吧，我就又"不要脸"了一次；下次又出丑了，我就"不要脸"了第二次；等我全"不要脸"了，我就会立刻进入自由王国、无我的状态。所谓的"自我"都是由脸面、自尊心、虚荣心等诸如此类的东西构成的，而当这些东西全被摧毁的时候，你就会发现自己一下子就获得了一切。

你今天在20个人面前出了一个很小的丑，明天这丑就能帮你在20万人面前挣回一个大大的面子。由此可见，一个人一定要珍惜每一个当众出丑的机会。

在我们的生活中，面子是别人给的，但也是自己挣的。要想挣得面子，先要勇于丢面子。×××今天之所以能够成为"名嘴"，与他那次当众出丑可能有着极其密切的关系。正是因为敢于丢面子，他才练就了高超的讲话能力，最终赢得了一个大大的面子。

当然，热爱丢脸绝对不是一件极其容易做到的事，因为在这个世界上没有人愿意当众出丑，而热爱丢脸更难。但是一个有远见的人要允许自己丢脸，而且能够非常从容地接受自己丢脸，因为只有在丢脸之后才会赢得一个大大的脸面。

对于想提高即兴演讲能力的人来说，这是一个不可避免的、需要跨越的过程。

第八节
寒暄的三大注意事项

问候和寒暄的话语虽然比较单调，但是却千万不可小视，因为它是交谈的开端和催化剂，能够在彼此之间架起一座桥梁，从而满足人们的亲和心理。

寒暄在人际交往中的作用是十分重要的，但是并非所有寒暄都可以起到这种重要作用。不恰当的寒暄很可能会引起尴尬，而恰当的寒暄能拉近彼此的心理距离，给人一种亲近感。

善于即兴演讲的人，往往会巧妙地进行寒暄，增强交流双方的亲和力。

寒暄是正式交谈的前奏，它的"调子"定得怎么样，将直接影响整个谈话过程。即兴演讲能力强的人，无一不是重视寒暄的谈话高手。

当然，沟通前进行寒暄还需要注意以下三点。

1. 有主动、热情、诚实、友善的态度

在与人寒暄时选择合适的方式、语句是极其重要的，但主动、热情、诚实、友善的态度更不能忽略。

试想一下，当对方用冷冰冰的态度对你说"我非常高兴见到

你"时，你的内心会是什么感觉呢？

当对方用不屑一顾的态度夸奖你"我发现你非常精明能干"时，你又会有什么想法呢？

因此，你只有把方式、语句、态度这三者有机地结合起来，才能达到顺利地与人寒暄的目的。

2. 应适可而止，因势利导

做任何事都一定要掌握适度原则，寒暄自然也不例外。恰当、适度的寒暄对于打开谈话局面是非常有用的，但千万不要没完没了，而且寒暄的时间也不宜过长。

善于即兴演讲的人总是善于从与对方的寒暄中找到适当的契机，因势利导，且不要花费太多时间谈一些无关紧要的话题。

3. 善于选择话题

一个话题能否让对方产生兴趣，是你的寒暄能否达到目的的关键。倘若你寒暄的话题能让对方非常感兴趣，那么双方就能够迅速进入沟通交流的状态。

相反，倘若对方对你的寒暄话题一点都不感兴趣，那么你的寒暄不仅无法勾起对方沟通的欲望，还会大大地抹杀他听你讲话的兴趣。

一般来讲，寒暄可以选择以下话题。

（1）天气。在一般情况下，天气是最常用的、最普遍的话题。天气对生活的影响太大了，如果天气很好，你不妨同声赞美一番；如果天气太热，也不妨交换一下彼此的苦恼与郁闷；倘若有什么台风、暴雨或是其他季节性坏天气的新闻，你不妨拿出来谈谈，因为那是大家都非常关心的话题。

（2）自己闹过的无伤大雅的笑话。一般情况下，像买东西上当、语言上的误会等笑话，很多人都喜欢听。开开自己的玩笑，除了能够博得对方一笑之外，还会让人觉得你为人非常随和，而且很容易相处。

（3）医疗保健。这也是很多人都感兴趣的话题，比如著名医生、新发明的药品、流行病的医疗护理、自己或亲友的养病经验，再如如何延年益寿、增强体质、减肥等，谈论这些话题也许仅仅只是一家之言，但它却能够吸引人的注意力，而且也没有什么不好的。

特别当朋友或其家人正好有健康问题时，如果能够向对方提供有价值的信息，那他将对你十分感激。

（4）轰动一时的社会新闻。这也是闲谈的一种好话题。倘若你有一些独家新闻或独特的看法，那一定能够将一批忠实的听众吸引在自己的周围。

（5）家庭问题。关于家庭需要了解的知识，比如儿童教育、购物经验、家庭布置、夫妻间的相处、亲友之间的交际应酬等，也会让大多数人产生极大的兴趣，尤其是家庭主妇们都很关心这类问题。

除了以上几点外，还有一些可以作为闲谈的话题，比如看书、运动、娱乐、旅游等。

寒暄是沟通的热身运动，是为沟通做准备的。它可以使双方放松、熟悉，从而营造一种有利于沟通的氛围。在即兴演讲时，良好的氛围是必不可少的，因此，我们需要重视寒暄，通过寒暄迅速找到彼此能够接受的沟通前提。

第九节
用点心思,把握好即兴演讲的时机

在生活中,很多人有一个通病,即在不必要的场合中把自己所掌握的一切话题一次性全部谈完了,等到必要场合需要自己再开口说话时,却无话可说。

孔子曰:"侍于君子有三愆:言未及之而言谓之躁,言及之而不言谓之隐,未见颜色而言谓之瞽。"

这句话的意思是:侍奉君子容易犯三种过错,话没有轮到他说却说了,叫急躁;话轮到他说却不说,叫隐瞒;未曾察言观色就开口,叫没眼力。这是告诉我们一个道理:与人交流时一定要把握好时机。

说话一定要把握好时机,善于即兴演讲的人对这一点是深有感触的。这是因为能否迅速地发现听众所感兴趣的话题,并且说得适时、适地,是即兴演讲能否恰到好处的关键所在。

事实上,把听众想听的事在他们想听的时间内以适当的方式说出来,这是对即兴演讲者的考验。

这是因为倘若不顾及听众的心态、不注意周边环境的气氛,或

即兴演讲：关键时刻不能输在表达上

者不该说话时却急于抢着说，都极有可能引起对方的误解，甚至反感。那些有经验的人，往往就懂得找准说话的时机。

战国时，安陵君很受楚王器重。这是怎么一回事呢？这与他善于把握说话的时机有着极其密切的关系。

安陵君有一位朋友名叫江乙，他对安陵君说："您没有一寸土地，又没有至亲骨肉，可是您却身居高位，而且还享受着非常优厚的俸禄，国人见了您，都整衣跪拜，接受您的号令，为您效劳，这到底是什么原因呢？"

安陵君听了这番话，立马说："这是大王抬举我！"

江乙听了，非常忧虑地指出："以财交者，财尽则交绝；以色交者，华落而爱渝。现在虽然您掌握楚国大权，但是却没有任何办法和大王深交，我私下里替您着急，我觉得您目前的处境已经十分危险了。"

安陵君一听，恍然大悟，他恭恭敬敬地问道："既然这样，那么请先生指点一下迷津。"

江乙说："希望您一定要找个适当的机会对大王说'愿随大王一起死，以身为大王殉葬'，倘若您这样说了，才可以长长久久地保住您的权位。"

安陵君说："谨依先生之言。"

但是过了很长一段时间，安陵君依然没有对楚王说这句话。江乙又去见安陵君，他是这么说的："我对您说的那些话，您为何至今都不对楚王说呢？如果您不用我的计谋，那么我就再也不管了。"

第一章 寻找讲话机会，当众展示你的魅力

安陵君急忙解释："我怎么敢忘记先生的教诲，只是一时还没有找到一个非常合适的机会。"

又过了一段时间，机会终于来了。这个时候，楚王到云梦打猎，一箭射死了一头怒奔而来的野牛。百官和护卫欢声雷动，齐声称赞。

此时，楚王非常高兴地大笑道："痛快啊！今天的游猎，寡人真是快活极了！待寡人万岁千秋之后，你们谁愿意和我共同享受今天的快乐呢？你们谁能和我共有今天的快乐呢？"

此时，安陵君看到这种情形，他立马抓住机会，泪流满面地走上前来，哭着说："臣进宫与大王同共一席，出宫与大王同乘一车，倘若大王万岁千秋之后，我愿随你一起奔赴黄泉，变做芦草为大王阻挡蝼蚁——那便是我最大的荣幸。"

楚王听了，很是感动。他随即正式设坛，分封安陵君，并且对他更加宠信。

这个故事告诉我们，把握说话时机是非常重要的。安陵君的过人之处，在于他有非常充分的耐心，能够等到楚王欢欣而又伤感的时候，此时此刻他动之以情，晓之以理，感君肺腑，愉悦君心。因此，他最后终于受封，保住了自己长久的荣华富贵。

安陵君与楚王见面次数虽多，但他深知表忠心需要选择一个合适的时机，这是至关重要的。于是，他非常耐心地等待一个好机会，积极准备，待条件成熟，该出手时就出手，所以他一出手便抓住了关键。

平时耐心等待机会，积极准备，一旦抓住时机就毫不犹豫地出

即兴演讲：关键时刻不能输在表达上

手，这是很多人实现梦想的常用方法，在职场上尤要如此。

  刘雅琴的公关部原定人员10人，目前有11人，与此同时，部门主管的位置一直空缺。于是，公司内部斗争越来越激烈：要么其中一人当部门主管，不裁员；要么另聘一个人当部门主管，从原来人员中裁掉一个员工。

  当然，每位员工都想当部门主管，且每位员工都非常不情愿地被裁掉。于是，大家都想尽一切办法以争取对自己有利的局面。看到这种情形，刘雅琴也不例外。

  一天，一家著名企业的代表来公司参观。一旦签下长期供货合同，公司至少半年内衣食无忧。不过，这些参观者中的领导人物有几个是法国人，不懂汉语和英语。

  这个时候，公司老总表现得有点惊慌失措。

  双方见面的时候，由于语言沟通困难，所以场面显得非常尴尬。然而这对刘雅琴却是一个大好机会。就在公司老总焦头烂额之际，刘雅琴自告奋勇地站出来说："我精通法语，可以用法语与客人交谈，给领导做翻译。"

  领导听了这话，当然很高兴，他立即让刘雅琴陪同客人参观。

  在法国客人以及众位领导面前，刘雅琴凭借熟练的法语、丰富的谈判技巧和对业务的深入了解，成功促成了签约。就这样，公司里所有的人都对她刮目相看了。

  几个月后，刘雅琴升任部门主管，而其他人也不再担心会被辞退的事了。

人们常常这样说,"来得早不如来得巧,同样,说得多不如说得巧。"在关键时刻说一句话,比在平时说一百句话都要有效果。由此可见,善于讲话的人并不是为了讲话而讲话,而是非常重视讲话的时机,以便让讲话的效果达到最好。善于即兴演讲者,尤其明白这一点。

第十节
投其所好,主动迎合对方的兴趣

有些人即兴演讲时只谈论自己,从来不考虑别人,结果得不到别人的认同,自然也达不到沟通的目的。这究竟是为什么呢?因为他所说的每一句话引不起对方的兴趣。

与人进行交流时,尤其是即兴演讲时,引起对方的兴趣十分重要。这是因为如果找到**能够引起对方兴趣的话题,那么就可以使沟通充满生机与活力**。正如看电视,每个人都有自己感兴趣的节目,想看哪个节目就找哪个频道,才会看得认真、仔细。

与人沟通时,我们一定要找到双方共同的兴趣点。在人际关系心理学上,它是指你和交谈对象都有共同的兴趣,才能激起热情交谈的区域——这个区域里的话题往往能让双方将交谈持久地进行下去。

兴趣点可以是工作、家庭、体育活动、娱乐明星等某个方面的话题,也可以是当前的爱好。总而言之,人们感兴趣的往往是那些与自身息息相关的、自己喜爱的人或事。

发掘对方的兴趣点是极其必要的，因为如果没有共同的兴趣点，那么两个人之间的交谈热情就不能保持很长一段时间，而浓厚的兴趣有利于激起交谈双方的共鸣，将交谈维持下去。

倘若我们是善于发掘兴趣点，并善于掌握谈话方向的人，将会很容易地通过发掘对方的兴趣点来达到自己的沟通目的，甚至能够将只有一面之缘的对方变成好朋友。

卡耐基曾经给人们讲了这样一个故事。

> 吉姆8岁时，他来到姨妈家做客。晚上，一个中年人突然来访，他在和姨妈进行一番寒暄后，就把注意力转移到了吉姆身上。
>
> 那时候，吉姆正对帆船十分着迷，这个中年人就和吉姆兴致勃勃地聊起了帆船。那个时候，吉姆简直兴奋极了。而在中年人走后，吉姆仍然对他恋恋不舍，一直盼望着他再一次来到姨妈家中。
>
> 吉姆高兴地对姨妈说："这个人真好，他对帆船那么感兴趣，我实在太喜欢他了！"
>
> 然而姨妈却非常平淡地说："他是一名优秀的律师，是不会对帆船感兴趣的！"
>
> 吉姆十分不解地问："那么他为何会和我聊得那么起劲呢？"
>
> 姨妈的回答让吉姆记忆深刻。她慢慢地说："是因为你对帆船感兴趣，所以他只是谈一些让你高兴的事，这样做就是为

了使自己更加受欢迎。"

"因人而异，投其所好"，之所以能让别人对自己留下深刻的印象、产生一点好感，主要是因为每个人都希望别人和自己有共同的兴趣爱好。双方有了共同的兴趣爱好，才会有交谈的话题，这样才能够拉近彼此之间的距离。

谈论对方感兴趣的人或事物，就等于在不知不觉间给了对方一种肯定和赞美，而这样做很容易获得对方的好感，进而拉近彼此之间的心理距离，最后达到影响他人、说服他人的目的。

即兴演讲，尤其是与陌生人交流沟通时，谈论对方感兴趣的话题是引起他的兴趣，并让他认真听下去的关键。

王女士是一位节油汽车推销员，她懂得怎样迎合顾客的兴趣去说话，明白客户最关心的到底是什么。正是因为这个原因，她推销节油汽车就非常顺手了。

王女士经常会对客户说："小姐，请教一个您所熟悉的问题，增加店铺利润的三大原则是什么？"

一般情况下，客户十分乐意回答这种问题。他们会这样回答："第一，降低进价；第二，提高售价；第三，减少开销。"

这个时候，王女士就会立马接着说下去："您说的句句是真话，特别是开销，那真是一种无形中的损失。比如汽油费，一辆车一天节约20元，那么总共可以节约多少呢？如果您有3辆车，一天可以节省60元，一个月就可以节省1800元。这样下去，10年您就可以节省21万元。如果能够节约而不去节约，那不是等于把百元钞票一张张地撕掉吗？如果把这一笔钱放在银行里，以5分钱的利息计算，一年的利息就有1万多元。不知您有什么高见，觉得有没有节油的必要呢？"

听了王女士的话，对方就会非常自觉地想到不能再"浪费"下去了，而要想方设法用节油汽车以消除这种恶劣的状况。

此时，王女士再推销节油汽车就非常容易了。

由此可见，如果想要让自己的想法和意见被别人听进去，进而达到说服别人的目的，不妨先使别人对你的话题产生浓厚的兴趣，让别人感到自己受到足够的重视。此时，你的目的就算达到了。

物以类聚，人以群分，共同的兴趣爱好能够促进彼此之间的交流。即兴演讲时，我们要想引起对方的兴趣，赢得他的好感，让他乐意听、认真听，就需要从他感兴趣的话题入手。

为什么会这样呢？这是因为在对方的自尊心得到极大的满足后，很多事就会在不经意间迎刃而解了，对方当然也可以接受和认同你。

第十一节
即兴演讲，要养成主动打招呼的习惯

在我们的生活中，有些人不重视打招呼，认为天天见面的人用不着每次碰到都打招呼；而对于不太熟悉的人，又觉得打招呼时怕对方认不出自己而感到难堪。还有一些人根本不愿意先跟别人打招呼，他们心中会这么想："我为什么要先向他打招呼呢？"

事实上，**见人主动打招呼是获取对方喜欢和认可的重要途径之一**。这是因为主动打招呼所传递的信息是"我眼里有你"。

比如，见了同事主动打招呼，说明你眼里有同事；见了领导主动打招呼，说明你心中敬重领导；见了下属主动打招呼，说明你体恤下属。在生活中，有谁不喜欢被别人注意和尊重呢？

即兴演讲时，我们尤其要重视主动打招呼。一个人一旦养成主动打招呼的习惯，人气和魅力就会迅速上升。而主动打招呼，恰恰是在公共场合与人沟通的开始。

要养成主动打招呼的习惯，我们需要有以下几点认识。

1. 主动打招呼不等于低三下四

有一些人认为，主动跟人打招呼表明比别人低下，其实根本不是这么回事。相反，主动打招呼表示你有宽广的心胸和积极乐观的人生态度。

有句话是这样说的："大官好见，小鬼难缠。"大官随和，所以易见，因为他会主动跟下属打招呼，这是其自信的一种表现；小官则故意摆架子，正是因为他生怕别人不承认他的权威，这也恰恰说明他对自己并不十分自信。

在这个世界上，每个人都希望别人看到自己的自信，那么我们就应该养成主动打招呼的习惯。从现在开始，见到单位的领导和同事，一定要主动跟他们打招呼："您好，李经理！""您好，小王！"不用过多久，你就会给别人留下自信、热情的印象。

2. 你重视别人，别人才可能留意你

事实证明：主动跟人打招呼，是重视对方的一种表现。你见了别人并不积极主动地打招呼，对方根本就不会留意你，更不可能重视你。

有两个年轻人同一时间进入一家单位，两年后一个升为部门经理，另一个却还是普通员工。那么为何会产生如此大的差距呢？其实，不是因为他们的能力有多大差距，而是因为他们日常处事细节存在巨大的差距。

前者见到领导和同事，都会主动打招呼，因此给所有人留下了热情、自信的印象；而后者见了领导就躲着走，见了同事也装作没看见，因此给所有人留下没礼貌、不合群的印象。

事实上，你不主动跟领导和同事打招呼，对他们来说并没有什么损失，因为对领导来说，有很多人想去结交他，也不少你一声问候。可是，在职场中，不主动跟领导和同事打招呼，对你的影响却很大，你不仅得不到领导的认可和赏识，也不能和同事拉近关系，又怎么能够得到提升呢？

3. 主动打招呼能创造良好的沟通环境

如果你见到邻居点头问候，那么一句简单的"你好"会在潜移默化中营造出和睦的邻里关系。

如果见到小区保安主动打招呼："你好，今天是你值班啊，真是辛苦了！"这个时候，保安在突然之间觉得自己受到了重视，下次见到你的时候他很可能会主动帮你提东西。

如果见到公司的保洁阿姨，你非常主动地问候一句："阿姨你好，你把地拖得真干净，都可以当一面镜子使了。"一句简单的招呼不仅有利于建立你与保洁阿姨之间良好的关系，还能够换来更加干净、整洁的工作环境。

事实上，这种主动打招呼形成良好氛围的环境，大家往往相处得十分和谐，生活得也十分轻松愉快。

4. 不要对主动打招呼特别在意

当今社会，有些人不在意主动打招呼，而有些人却往往特别在意。尤其是那些被冷落的人，一声主动而温暖的问候会对他产生非常深远的影响。

比如，有些领导在职的时候被人前呼后拥，别人见面都会非常主动跟他打招呼；但是退休之后，"门前冷落车马稀"，他便非常在意别人对他的问候。此时此刻，一声问候对他来说将是十分珍贵的，会给他留下一个十分深刻的印象。

还有一些单位的副职领导，对别人主动地跟他们打招呼往往显得比较在意。因此，我们主动打招呼很容易引起他们的认同。

主动打招呼体现了一个人对别人的尊重，养成主动跟人打招呼的习惯可以提升个人魅力，为自己赢得好人缘。

在公共场合，我们要想为沟通创造好氛围，就要学会先主动跟人打招呼，从而拉近彼此之间的心理距离，为自己制造一个讲话的机会。

第十二节
敏捷应对的五种招式，让演讲能够俘获人心

即兴演讲最直接地体现一个人的说话水平。那么什么是即兴演讲呢？

即兴演讲，就是在特定的情境和主体的诱发下，自发或被要求立即进行的当众说话，是一种不凭借文稿来表情达意的口语交际活动。演讲者事先并没有做任何准备，而是随想随说，有感而发。

一般情况下，即兴演讲是顺应集体活动要求的，它需要开诚布公地说出自己的感受、收获，内容不定，可以谈古论今、旁征博引，尽兴发挥。它的特点是：即兴而发，随机而发，短小精悍。

即兴演讲要求演讲者思维敏捷、构思迅速，能在较短的时间内抓住听众的兴趣，赢得听众的认同。 因此，这是考验演讲者综合素质的一种重要方式。

比如，下面这位校长在欢迎新生的开学典礼上的讲话就非常成功。

校长是这样对大家说的：

据说，清朝有个小孩子，他的名字叫林则徐，在一次赴试赶考途中，他的父亲非常担心他远行劳累，所以便让他骑在自

己的肩膀上。

主考官见到这种情形，就给林则徐出了一个上联，那就是"以父作马"，他以此作为进考场的条件。

父亲听了这番话，羞得面红耳赤，他感到十分难为情。但是骑在父亲肩上的林则徐却出语不凡，他极其聪明地应声对出了下联："望子成龙"。

在现代社会，我们不妨把"望子成龙"改动一个字："望子成才"。这是目前很多人的共同心愿。

校长讲完"望子成才"后，就水到渠成地围绕如何才能够不辜负父母的期望、如何才能够成才的话题展开了即席讲话。因为开头讲得很具体，又有一定的情节，因此，这很快就引起了学生们极大的兴趣，起到了"静场"的作用。

就这样，在校长讲话时学生们不仅听得十分认真，还由衷地对他非常信服。

即兴讲话时，演讲者的水平会直接影响听众的反应。倘若你的讲话缺乏吸引力，广大听众就会感到索然无味，根本听不进去，甚至还会以小声议论来干扰或者表达抗议。

相反，倘若讲话充满吸引力，将会自然而然地起到"静场"的作用，听众就会很有兴趣地听下去，而场内的安静氛围反馈过来的话，又会增强演讲者的自信，促使演讲者越讲越精彩。

当年，高尔基参加苏联作协理事会召开会议的时候，代表们纷纷要求他发表讲话。

即兴演讲：关键时刻不能输在表达上

当高尔基一站到台上，大家立马投以长时间热烈的掌声。看到这种情景，他突然灵机一动，借题发挥说："倘若把花在鼓掌上面的全部时间计算起来，时间就浪费得太多了。"

这一下子使全场都活跃了起来，而整个演讲就在这样融洽的气氛中开始了。

即兴演讲不仅要求演讲者要迅速构思，还要注意克服内心的紧张。一旦上场演讲，就应该对自己充满自信，临场不乱，而且一定要能十分有效地控制自己的紧张心理，从容不迫，沉着应战，然后尽情发挥，侃侃道来。

不然，本应该在公众场合言之有物的即兴演讲，也很可能会因为自己一时的紧张与心慌意乱而词不达意，表述不清，或者讲不了几句话就会心慌脸红，任何人都会因此而败下阵来。

总而言之，要克服紧张心理就一定要做到有备无患，并且能够随机应变。

从一定程度上说，不假思索就能够即兴演讲的能力，比经过长时间精心准备才可以登台的能力更为重要。随着人际交往的不断增加，人们一定要迅速组织自己心中的所思所想，并且可以流利地进行口头表达。

那么我们怎样才能做好即兴演讲呢？

1. 要善于利用现场各种可用的资源

比如，描述现场某些布置或听众带给你的某些联想，也可以评述其他演讲者刚讲完的某些与你的话题发生巧合性关联的话语。

如果做到这一点，你就能够非常容易地激发对方的高度兴趣，而且，你的机智表现也能够非常有效地增强你的感召力和说服力。

2. 要认认真真地确定你演讲的主旨

你要提前构思好的是，你将采取什么样的立场，并依据你对对方的了解而表达什么主旨。你完全可以从信息性、说服性、鼓舞性、娱乐性和社交性等方面，择定你自己的发言范围。同时，也必须要快速地确定发言的基本立场和主旨。

一般情况下，这种即兴演讲只需要几分钟就可以搞定，所以千万不要贪多，而应该加以一定的取舍，只挑有意义的和有重点的问题来说。

3. 根据现场演讲的需要组织架构

根据现场演讲的需要，在时间允许的前提下，一定要想方设法地处理好演讲内容的布局，也就是依照开场白、主题和结语的三段组织架构，把所想表达的内容非常系统地建立起来。

4. 养成"站着思考"的好习惯，锻炼边说边想的特殊才能

倘若来得及，你完全可以将主要论点用几个关键词写在一张小纸条上；如果时间不允许，只需牢记重点，并依次表达就可以了。

在边想边说的时候，你完全可以尽量运用以下思维方法，包括归纳法、联想法、发问法、演绎法、比喻法、对照法、引述法和举例法等，从而扩展"站着思考"的空间，并且非常迅速地打通演讲的思路。只要讲题不生涩，就完全可以侃侃而谈。

5. 平时多练习，为自己建立即兴演讲的自信心

你只要依照"多读书、多思考、多练习、多观摩、多演练"的

演讲方法，下功夫练习演讲，时间久了，你就完全可以建立起足够的自信心，未来就完全可以轻轻松松地迎接即兴演讲的挑战了。

当然，即兴演讲要靠长期积累的学识、素养和经验，并不断锻炼胆识和眼光，演讲才能逐步成功。因此，可以这样说，即兴演讲是需要我们事先准备的，也可能需要一个人一辈子持续不断地准备。

成功的演讲，要求内容既新鲜又丰富，表达既生动又自然。因此，只有按照"热诚发言、大方表演"的法则、"临场构思"的步骤进行长期练习，才能够将演讲内容通过高超的技巧发挥出来。

第十三节
塑造良好形象的四大妙招

即兴演讲时，演讲者的形象显得极其重要，因为它是向听众传播的第一信息。因此，良好的第一印象是进行成功交往、创建融洽关系的开端。

有关专家发现，第一印象的形成是极其短暂的，甚至有90%的人在见面的前40秒就已经对另一方盖棺定论了。因此，与人初次见面时，对方很快就会决定是否认同你了。

而面对听众，演讲者的第一印象是非常重要的。

比如，即兴演讲者给你的第一印象好，那么无论他讲得如何，你都会认为他讲得好；而倘若他给你的第一印象不好，即使他讲得再好，他的演讲在你心里依然会大打折扣。因此，第一印象的建立对演讲者的讲话会产生极大的影响。

三国时期，庞统先后去孙权和刘备处"面试"，但是这两次的效果都不是很理想。

孙权第一次见到庞统时，看到他"浓眉掀鼻，黑面短髯，形容古怪"，就很不高兴。

然而孙权毕竟是贤明的君主，庞统也是鲁肃推荐过来的人，所以不好直接回绝，只好硬着头皮和他聊了起来。

孙权缓缓地问道："你都会些什么，有什么能耐？"

庞统一点也不谦虚，回话道："我什么都会，在这个世界上没有什么能难倒我的。"

孙权顿时觉得庞统有些猖狂，心里对是否重用他打了一个问号。于是又问他："那你和我的大都督周瑜相比呢？"

庞统听了，骄傲地回答道："我比他强。"

这一回答彻底激怒了孙权，拂袖而去，他心想：长得丑也就罢了，竟然还口出狂言，如此傲慢无礼。后来庞统与刘备见面时，也是备受冷遇。其实，主要原因是出在形象上了。

庞统在第二次"面试"的时候，衣着邋遢，刘备一见到他便不由皱起了眉头。其实，比衣着邋遢更令人讨厌的是他那傲慢无礼的行为，见到刘备时也不行礼，这使得刘备心里很不痛快。最后，碍于诸葛亮的面子，刘备才给了庞统一个县令的小官，就这样打发他离开了。

当然，和庞统比起来，诸葛亮在形象上占尽优势，诸葛亮和周瑜一样，都是容貌非常出众的人。

在刘备第一次见到诸葛亮本人时，竟然惊为天人，书里是这样描写的：

"身长八尺，面如冠玉，头戴纶巾，身披鹤氅，飘飘然有神仙之概。"

也许有人会说，诸葛亮的态度也很傲慢啊，让刘备三次登门拜访才等到，而且第三次还让刘备在外面等，自己在屋里睡觉。虽然如此，但是诸葛亮全程都毫不知情，也就是说并非刻意为之，至少给人的感觉是无意的。诸葛亮睡醒后，当童子对他说："刘皇叔在此等候多时了。"诸葛亮立马起身，并且轻声责问道："你为什么不早早通报？"然后转入后堂更衣，衣冠整洁地出来相迎。由此可见，这种态度和庞统的傲慢无礼，是有本质区别的。

当然，庞统确实是一个才华横溢的人，但在形象上与诸葛亮相比是不占优势的，这也许就是诸葛亮更受欢迎的一个主要原因吧。

不难看出，诸葛亮给对方留下的良好的印象是他赢得对方认同的关键。

虽然我们经常说"不要以貌取人"，但是很多人包括我们自己，很多时候都会"以貌取人"；别人根据我们的外表和举动判断我们，我们也通过别人的外表和举动来判断他们。

著名心理学家研究发现，人的印象是这样形成的：55%取决于你的外表，包括体形、发色、服装、面貌等；38%是肢体语言，包括你的手势、站姿、动作、坐姿、语气、语调等；只有7%才是你的讲话内容。

事实上，**善于即兴演讲的人都很重视自己给别人的第一印象。**那么即兴演讲时我们如何做才能给对方留下良好的第一印象呢？有以下几点值得注意。

1. 衣着打扮

人们对衣着有自己特别的判断。比如，一位娱乐节目的主持人如果穿一套笔挺的西装，可能会显得有点尴尬；而一位官方部门的发言人如果穿着一套休闲服外出办公务，可能会显得随意。

其实，你的衣着会透露你的身份，以及你是否专业。如果你的穿着合适，就会给人留下一个良好的印象。

有心理专家研究发现，一个人的穿着打扮，包括服饰的式样、档次、颜色和搭配以及饰物，都与他的性格、修养、习惯、爱好有关。一个十分注意穿着打扮的人，他的责任心和可信度往往会比较高。

2. 礼貌待人，主动而热情

千万不要让自己看起来被别人认为是冷冰冰的，这样做会让人觉得你非常高傲，从而在不经意间打消与你交往的念头。在即兴演讲时，你要举止得体、彬彬有礼，而不要让人看起来莽撞，没涵养。如果你表现得主动、热情一些，对方就会感觉出你的喜欢和关注。

如果你做到了这一点，对方会认为你讲的内容确实是从他们的角度出发的，从而会更加相信你。

3. 了解对方，记住特征

每个人最关心的是自己，如果你对别人表示出一点关心，那么他就会感到被你尊重。在了解了别人之后，如果你打算进一步与他进行交流沟通时，你就要想办法把话题转移到他感兴趣的人或事物上来。

比如，如果对方喜欢养花，你完全可以跟他谈谈养花的经验，以及养花的逸闻趣事。

4. 求同存异，缩小差距

平等是交往的首要原则，如果你看起来高人一等，对方就会对你产生反感；相反，如果你随时都附和对方的观点，那么他就会在不经意间认为你没有主见。

第二章

即兴演讲,你紧张了吗

恐惧是即兴演讲的大敌。在公众面前讲话时,很多人会表现得胆怯、害羞。要想在公众面前充分展示自己的才华,我们首先要做的就是突破恐惧心理,让自己在任何场合讲话都不会紧张。要赢得公众的认可与肯定,并且达成自己的目标,就得把话说得滴水不漏。那么怎样才能做到这一点呢?你可以先倾听,再讲话,甚至可以提前设计一段精彩的开场白,以此来吸引对方。你也可以动之以情,用真情打动别人。

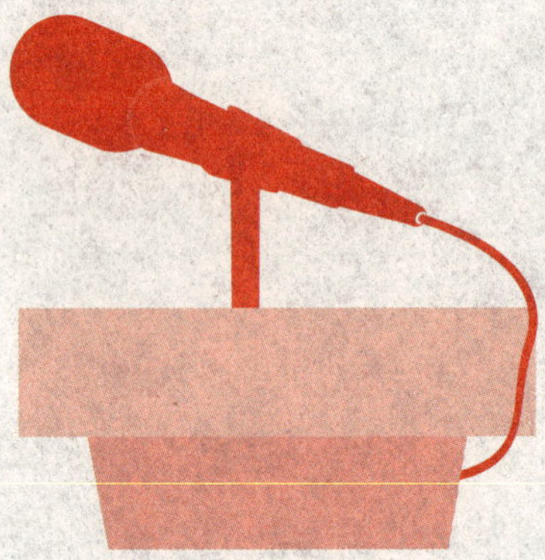

第一节

克服胆怯、害羞心理的三种招数

卡耐基先生曾经这么说:"世界上没有一点都不胆怯、害羞和脸红的人,包括我自己。人人都有胆怯、害羞的心理,只是程度不同、持续的时间长短不同而已。"由此可见,即使**即兴演讲能力强的人,也必须要经历克服胆怯、羞涩和脸红的过程。**

那么在即兴演讲的时候我们为什么会胆怯、羞涩和脸红呢?

相关专家告诉我们,胆怯、害羞和脸红的人往往对人际关系极其敏感,也就是人们经常说的"脸皮薄"。这类人太在意别人对自己的看法,而自己却缺少应有的自信。

但是这种状况也不是不可以改变,只要想方设法地克服紧张心理,任何人都能够锻炼出出众的讲话能力,在即兴演讲时积极主动地彰显自己的魅力。卡耐基在其著作中讲述过这样一个故事。

> 约翰逊医生是一位十分热心的棒球迷,他经常会一个人去看球员练球。没过多久,他就和球员们成为无话不谈的好朋友,并被热情地邀请参加球队举行的一次宴会。
>
> 在侍者送上咖啡与糖果之后,有几位嘉宾被请上台,要求讲话。

在事先没有得到任何通知的情况下，约翰逊听到主持人说："今晚有一位医学界的朋友约翰逊医生在座，我特地请他上来跟我们聊聊棒球队员的健康问题。"

对这个问题，他是否有准备呢？当然有，而且可以说他是对这个问题准备最充分的人，因为他是研究卫生保健的，而且已经行医20多年。针对这个话题，他完全能够同众人谈论一个晚上。

然而现在要他站在台上，当众讲这个问题，他对自己不是很有信心。这个时候，他有些慌乱，他的心跳也因此加快了一倍。他一生中从来没有登过一次台，没有当众做过一次演讲。

那么该怎么办呢？宴会上的所有人都在热情地鼓掌，大家都满怀热情地望着他。他轻轻地摇摇头，表示了谢绝。但是这样做反而引来了更热烈的掌声。大家纷纷要求他上台演讲。

"约翰逊医生！约翰逊医生！"这个时候，呼声一阵高过一阵。

此时此刻，约翰逊的心情十分悲观、怯懦。他知道，如果他上台演讲，结果一定会失败——因为他在台上根本无法当众讲出五六个完整的句子。最终，他非常艰难地站起身来，一句话也没说，转身背对朋友，默默地走了。

他深感十分难堪，更觉得此事是他一生中最大的耻辱。

回到英国后，约翰逊做的第一件事就是报名参加卡耐基的演讲训练班。他不愿再一次遭遇这种尴尬了。

像他这样的学生是最受老师喜爱的，这到底是为什么呢？因为他有着非常迫切的需要。他希望自己拥有即兴演讲的能力，而且能够十分认真地准备讲稿，心甘情愿地加以练习，从不漏掉训练课程中的任何一节课。

通过努力练习，约翰逊即兴演讲时的紧张心理一下子都消失了，他的信心变得越来越强。几个月以后，他已成为众所周知的明星演说家，从而实现了他一生中最大的愿望。没过多长时间，他开始接受邀请，前往全国各地演讲。

在这个世界上没有人是天生擅长即兴演讲的，也没有人在即兴演讲时是不会感到紧张的。同样，没有人不通过练习就能够克服恐惧、羞涩、紧张的心理。只要我们重视即兴演讲，并且努力练习，就能够成为一位优秀的即兴演讲者。

那么怎样克服即兴演讲时的胆怯、害羞的心理呢？我们可以从以下几个方面去进行训练。

1. 走路时要抬头挺胸，步子要迈得有弹性

心理学家研究发现，懒惰的姿势和缓慢的步伐可以滋长人的某种消极情绪，而改变走路的姿势和速度则可以改变人们的某种心态。想要消除即兴演讲时的胆怯、羞涩心理，从而让自己变得自信起来，那么你就应该从昂首挺胸地走路开始！

2. 抬起双眼目视前方，正视别人

心理学家研究发现，不敢正视别人，在一定程度上意味着自卑；正视别人，在一定程度上则表露出的是诚实和自信。与此同时，讲话的时候看着别人的眼睛也是一种礼貌。要做好即兴演讲，必须用眼神正视别人。

3. 不要错过任何机会

在正规场合即兴演讲，很多人都会胆怯、羞涩，那么我们怎样才能够改变这种状况呢？我们完全可以从一般场合开始，多加练习。练习多了，即兴演讲的能力自然而然就强了，紧张、羞涩心理也就自然而然地消失了。

比如，与亲人在一起的时候，我们完全可以将它当作练习即兴演讲的机会；与朋友聚会时，也可以将它当作练习即兴演讲的机会；还有在地铁、街道、小区广场上，我们也完全可以找到练习即兴演讲的机会。

第二节
克服恐惧十大妙招

卡耐基认为，成人学习即兴演讲，最大的障碍就是紧张。 他说："我一生几乎都在致力于帮助人们克服登台的恐惧，增强他们的勇气和自信。"

那么什么是紧张？紧张是人应对恶劣环境的一种本能反应。人的身体向来会对外在的刺激保持一种警觉，一旦感到不利于自己的情况发生，就会自然而然地出现紧张反应，如肌肉绷紧、心跳加快、手心出汗等。

这些反应是人的本能，表明人体的紧急预案已经启动，而它会让人大脑兴奋、精神集中、创新能力增强，并且使人的潜能能够得到充分发挥。许多专家认为，紧张、压力能激发潜能的有利因素。

因此，紧张并不一定是坏事，适度的紧张不但无害，而且还会起到积极的作用。

对于即兴演讲来说，适度紧张会让我们重视听众以及我们的表达方式，从而不会懈怠。只要你在乎听众，想给他们留下好印象，自然就会重视讲话，而不会完全呈现放松的状态。

卡耐基在其著作中讲述过这样一个故事。

> 爱德华·威格恩是美国著名演说家，尽管他后来在演讲方面取得了巨大的成就，但是他从前的时候也十分害怕即兴演讲。早在读中学的时候，他只要一站起来即兴演讲，就会情不自禁地感到非常紧张。
>
> 那个时候，班上有一个课前15分钟的演讲时间，要求所有同学都必须参与。对爱德华·威格恩来说，那将是一个非常难熬的时刻。然而因为每个人都要进行演讲，他非常害怕的时刻最终还是来到了。
>
> 在轮到爱德华·威格恩演讲的时候，他竟然一下子病倒了。只要一想到演讲这件事，他的血就直往脑门冲，两颊烧得滚烫，他非常无奈地将脸贴在冷凉的砖墙上，这个时候他才能够稍微缓解一下自己的紧张情绪。
>
> 就这样，他的这种紧张心理一直延续到大学时期。有一

次,他非常勇敢地鼓起勇气参加了学校组织的一次演讲活动。那时,校长也在场,这令他感到更加紧张。他极其艰难地讲出开头"亚当斯与杰斐逊已经过世"之后,突然之间脑子里出现一片空白,甚至忘了自己在做什么。

过了一会儿,他确认自己再说不出别的词句时,便向听众轻轻地鞠躬,并且极其沮丧地走下讲台,回到了自己的座位上。那一刻,他真的恨不得找个地缝钻下去。

没过多久,他居然又一次病倒了。但是这种情形很快就发生了巨大的改变。

在一场关于"自由银币铸造"的争论中,爱德华·威格恩对"可以自由铸造银币"的主张十分愤怒,于是他回到家乡印第安纳州,正准备就健全币制发表一场演说。

那个时候,有很多听众就是曾经目睹过爱德华·威格恩演讲时窘迫模样的同学。刚开始时,一次次失败的经历又一下子掠过他的脑海,他像以前那样开始窒息、结巴,然而这次他并没有打算放弃,而是非常勉强地坚持住了。

对他而言,这次演讲算得上是人生中的一次并不完美的成功,但他却敢于直面自我。就这样,曾经立誓不做演说家的他竟然成了一位出色的职业演说家。

爱德华·威格恩在紧张时刻挺了过去,他从而获得一次小小的成功,结果这让他对自己充满了信心。这个故事说明了一个道理,那就是即兴演讲时的紧张心理是完全可以克服的。

那么如何克服即兴演讲时的紧张心理呢?我们可以从以下几个

方面着手。

1. 不要过分在意自己的表现

每个人在与别人沟通交流时都有一种潜意识,希望可以给对方留下一个好印象,因此总会想方设法地把自己的缺点隐藏起来。这本是非常自然的事,然而倘若这种欲望不过于强烈,人就会自然而然地在意自己的表现是否优秀,因而造成一种紧张情绪。

当我们不苛求自己让人人都感到十分满意时,我们完全可以容忍自己在人际交往中出现一些失误和失态,我们完全不用太过分地在意自己的一些表现,而是追求自然地即兴演讲。当你做到这一点时,紧张情绪就不会产生了。

2. 提高你的自信心

一般情况下,社交焦虑者都缺乏自信。因此,提高自信心有助于消除某种焦虑感。如果想要提高自信心,要注意以下两个原则。

首先,尽量减少对自己的否定性评价,努力增加肯定性评价,如"我现在的状态还是不错的""我做得很好,别人不会瞧不起我"。

其次,参与一些简单的社交活动或社交情境。当你能够轻松自在地与别人进行交往的时候,就是有信心的表现。通过多次锻炼,你就会越来越相信自己的能力,并且会以坚定的信念朝着预设的目标不断地向前迈进。

3. 学会放松自己

深呼吸是一种最简便的放松法。在社交场合你如果感觉紧张时,你完全可以暂且找一个不引人注目的角落,然后有规律地做几次深呼吸,与此同时你可以在心里默念:放松、放松……

还有一种放松法，那就是"想象性放松法"。平时，你可以想象自己进入了最容易放松的情境，如在沙滩上静静地晒太阳，在幽静的公园里散散步，在草原上欣赏美好的自然风光。可以每天练习多次，而且想象得越逼真、越鲜明，效果越好。

这样，当你与人交往相处时，就可以想象练习放松的情景，从而达到放松的良好状态。

4. 学会观摩学习

在平时看电视或日常生活中，你完全可以用心观察别人在与人交往沟通时在语言、表情、动作等方面的运用，模仿他们是怎样待人接物的，从而在不知不觉间提高自我的交际能力。

5. 不要太在意别人的看法

其实，别人对你的看法对你来讲并不重要。别人对你的嘲讽或不屑并不是因为他们不了解你造成的，而只是他们的修养问题。因此，你不必为此负责，更不必向他们做任何解释。

当你为了取悦他人而做出违背本心的选择时，它所产生的后果则是要由你自己来承担的，而且别人根本没法帮上你的忙。我们要学会接纳自己的不完美，千万不要为一个失误的决定或一时失态耿耿于怀，更不要因为别人的看法而感到内心不安。

6. 端正你的演讲动机

千万不要将自己的目标定得过高，而且对于不切实际的期望一定要客观分析。如果把演讲的意义片面夸大，甚至把它与个人事业的成就和家庭幸福等联系在一起，那么还没有开始演讲的时候，也许你就开始惶惶不可终日了。

如果带着强烈的求胜动机和沉重的心理负担去准备演讲，那么结果只会让焦虑情绪越积越强烈，所以到了真正要演讲的时候常常会事与愿违。因此，我们要端正自己的演讲动机，真真正正地做到轻装上阵。

7. 一定要保持积极的情绪体验

面对即兴演讲，很多人如临大敌，心惊胆战。比如，担心在即兴演讲的过程中偶尔犯语法错误，或者突然停顿，结果无法讲下去。这是一种负面的假想，它可能会抹杀我们即兴演讲的信心。如果遇到这种情况，你完全可以使用积极的自我暗示。

暗示，对一个人的心理影响极大，你完全可以多给自己一种积极的暗示，如用"我完完全全地可以做得很好""我完全可以超常发挥"等短句肯定自己。

在平时休息之余，你一定要多和自己进行一番交谈，不断地强化一种必胜的信心与信念。长此以往，这种良好的积极心态就在不知不觉间成为自己的一种思维习惯。

8. 避免机械式背诵演讲稿

逐字逐句地背诵提前准备好的演讲稿，很容易在面对听众演讲的时候遗忘。即使没忘，讲起来也会显得很机械化。林肯总统曾经这样说："我不喜欢听刀削式的、枯燥无味的演讲。"

背诵演讲稿对一个演讲者来说，在某种情况下可能是一种必要的准备方式。然而背诵依赖的是机械式记忆，逐字逐句地背诵不但会耗费大量时间，而且非常容易造成演讲者麻痹大意的心理。

9. 演讲前要尽量把注意力从自己身上移开

在某种情况下，我们可以转移注意力，使自己放松，比如，我们可以尝试着做肌力均衡运动。

什么是肌力均衡运动？肌力均衡运动是指有意识地让身体的某一部分肌肉有规律地进行紧张和放松的运动。比如，我们可以先握紧拳头，然后慢慢地松开；也可以先固定脚掌，再压腿，然后慢慢地放松。

做肌力均衡运动的目的是什么？它的目的在于先让你的某一部分肌肉紧张一段时间，然后你会可以更好地放松，而且可以更好地放松整个身心。

因此，在开始讲演的时候，最重要的就是一定要将注意力从自己身上移开，或是集中精力听其他讲演者都说了些什么，以便把注意力转移到他们的身上，从而避免自己不必要的登台恐惧感。

10. 面对"怯场"，要学会冷静处理

当意识到自己出现怯场的时候，你千万不要惊慌，而一定要保持心态平衡，同时也不要好强求胜，为什么要这样呢？因为这会增加你怯场的紧张心理。

这时，你完全可以通过呼吸调节法消除自己的紧张感，因此，当自我感觉比较紧张的时候，要学会运用这种方法，有意识地控制自己的情绪。与此同时，你必须记住这一点：既然你已经下定了决心，那么就大踏步而出。

事实上，在开始演讲的时候你最好深呼吸 30 秒，新吸入的氧气供应可以提神，而且能够给你足够的勇气。

第三节
千万不要掉入恐惧的"陷阱"

大多数人都是常人,伟人之所以能展现与众不同的才华,其中一个十分重要的原因就是,他曾经在某方面付出过不同于常人的努力。很多人不善于即兴演讲,甚至害怕即兴演讲,原因就是他们没有做出相应的努力,陷入了自己设下的恐惧陷阱。

事实上,很多著名演说家最初演讲时都不是成功的。相关专家认为,倘若一个年轻人的第一次演讲获得了成功,那将是一个不祥的征兆。因此,刚开始不具备即兴演讲能力的人完全可以放心了。

倘若你所面对的是数十人参加的商业性会议,那么你的讲话也要做到这一点:时而紧张,时而惊讶,时而兴奋。演讲者就要紧张、兴奋起来,就像一匹训练有素的骏马。

西塞罗曾经说过,所有真正伟大的公众演讲者都拥有一个鲜明的特点,那就是情绪上的紧张与兴奋。

倘若你想成为一个优秀的公众演说者,那么内心一定要有一种强烈的愿望。当你能够持之以恒、脚踏实地地为自己的目标奋斗,那么在这个世界上就没有什么能够阻碍你了。倘若你没有奋斗的热情,你的愿望就会苍白无力,那你将不会有任何进步。

由此可见,你一定要激发出学习的热情。你应该知道,你所需要的能力和自信是体现在金钱、地位、交友方面,还是体现在提升个人影响方面。

与此同时，**演讲可以让你较快地登上领导地位**，而且比其他活动要有效得多。

当一个人面对听众时，倘若他没有精心准备好所要讲的话，那么他就会感到很不舒服。当然，演讲者在这种情形下也会非常紧张，并且为自己的疏忽大意感到羞愧。

西奥多·罗斯福在自传中这样写道：

在1881年秋天，我非常荣幸地被选进了议会，成为这个群体中年纪最小的一员。与其他年轻且没有经验的成员一样，当我第一次发表演说时就遇到了一个极大的障碍。

那个时候，一位精明的乡村老夫的忠告却让我获益匪浅。他对我说："当你感到有话想说，并且十分清楚自己想要说些什么的时候，你就要立马站起来把你想要说的话说出来，然后再坐下。"

事实上，这位"精明的乡村老夫"还应该告诉西奥多·罗斯福另一种快速消除紧张心理的一种方法：做一些体力活动有助于消除紧张感，倘若你想向公众展示一些东西，或在地图上指出什么地方，或在黑板上写几个字，或搬动一下桌子、推开一扇窗户，或移动一下书本和文件，当你做到其中某一点时，你就会感到十分地放松。

当然，我们很难找出做这些事的理由，而这也只是一个暂时性的建议，还需要根据具体情况具体分析。但是这个方法还应该只适用于最初的几次演讲，就如同一个孩子刚刚学会了走路还要再扶一扶椅子一样。

总而言之，只要你全身心地投入到演讲这项任务中，对它要有一个充足的了解，并且从感情上能够非常坦然地接受它，这样你很快就能够轻松自如地驾驭这种场合，从而发挥好一次即兴演讲。

第四节
越讲话，越有胆量

即兴演讲时，你是否会心跳加剧、颤抖、流汗，或者口干舌燥？倘若是，你一定会发现，这些感觉会使你产生一种强烈的不自在感。产生这种不自在感的原因是我们缺乏勇气和自信。

害怕即兴演讲并不是个别现象，即使很多优秀的演讲者也都坦白地承认，他们从来都没有彻底地消除登台说话时的恐惧。

每次演讲之前，演讲者几乎都会感到恐惧，而且恐惧感会一直持续到刚开始演讲之后的几分钟。但是只要把刚开始的几句话顺利地讲好了，后面就会越来越胆大，直至恐惧感彻底消失。

正像提高即兴演讲能力一样，面对日常生活中的任何沟通，人们都需要克服畏惧、建立自信，这是前提。只有这样，人们才能够最大限度地发挥自己的潜能，在各种场合下发表恰当的讲话，赢得别人的喜欢和赞誉，从而获得成功。

总之，即兴演讲时产生一定的恐惧感是很正常的，但你要做的就是利用好这种恐惧感，把话说得更好。有时候，即使这种恐惧感会造成言辞不畅、肌肉痉挛等严重的情况，并因此而影响你说话，你也千万不要悲观绝望。

这是因为出现这样的状况是十分常见的，只要你多花时间，努力改变，而且不断地训练，那么就能避免这种状况的出现。

有一位女生向我讲述了她的故事。

> 我曾记得，我从上小学开始就从来没有在上课时举过一次手。所以老师是这样评价我的：不爱举手回答问题。这个不敢在众人面前讲话的坏习惯一直持续到大学时期，而且我从来都没有真正地克服过它。
>
> 曾记得有一次，老师让我们每个人上台介绍一下自己的时候，看着同学们僵硬、紧张的样子，自己觉得简直好笑极了。然而等到我自己上台演讲的时候，我也跟着全身一下子僵硬了，脸上没有一丝笑容，而且说话还断断续续。
>
> 我从小就不敢在公众面前大声讲话，如果有很多人在，我会感到极其紧张，脸就灼热发红，说话就会一下子变得吞吞吐吐的，感觉自己的心也在"怦怦"直跳，而且根本喘不过气来。对此，我简直苦恼到了极点，可是却一点办法都没有。说实在的，我感到非常害怕。
>
> 我想，也许是我自己的胆子不够大，心理承受能力不够强，锻炼得也不够。当我站在众人面前说话的时候，可以用一个字来形容，那就是"怕"！在台下时很轻松，可是一站到台

上，忽然看到那么多双眼睛注视着自己，这个时候我整个人一下子就傻了。

这个故事告诉我们一个道理，生活中确实有很多人对自己上台讲话感到无奈与无助。

但是为什么有一些人在讲台上却能够做到从容不迫、声情并茂地讲话，最终打动观众呢？那么这少数人的胆量是从哪里而来呢？

当然，**讲话的胆量绝不是天生的，而是通过后天培养锻炼出来的**。著名京剧艺术家周信芳的女儿周采芹，是一位国际知名的戏剧和电影演员、英国皇家戏剧学院的第一位中国院士。

> 小周第一次上台的时候，她一下子就被吓坏了。那年，13岁的她在上海一家大剧院参加演出。起初，她不慌不忙地走上台，心里想着只要按自己早上排好的节目去演，就不会出现任何问题。
>
> 可是，当她看到台下的一大片观众时，竟然忘了自己到底要做什么了，而且十分害怕地跑回了幕布边。
>
> 这个时候，站在幕布边的老师急忙将她推回台上，最后她只好硬着头皮把歌唱完了，赢得了观众热烈的掌声。
>
> 虽然事后想起来那次经历不免有些尴尬，但对于小周而言，那次经历确确实实是她人生中一次极大的鼓舞。

这个故事至少可以给我们以下几点启示。

（1）再好的演员，第一次上台的时候也是没有胆量的。

（2）台下排练得再好，如果上台没有胆量，那还是一件非常麻烦的事。

（3）胆量是在实践中经过不断地锻炼得到的。

某某主持人就是靠自己练出胆量来的。

某某主持人在上大四的时候，他就被大家推选为青年节大会的主席，代表青年上台发表讲话。然而他生平的第一次演讲就取得了巨大的成功，为什么会这样呢？这是因为他有足够的勇气和胆量。

关于这一点，他在自传《我是谁》里这样写道："我不禁想到自己小时候第一次在父亲公司的儿童节大会上发言。在即将要登台演讲的时候，我的父亲亲自帮我抹平衣服的皱褶，再用水梳顺我的头发，手拉手地牵着我登上舞台。而在这之前，他已经极其细心地帮我'彩排'过很多遍了。尽管这只是一个孩子的小小演说，我的父亲却格外看重并极其认真地辅导，细致到我的语气、手势和眼神，他都一一示范，并且亲自把关。"

正是父亲手把手地教导，使某某主持人小小年纪就取得了第一次上台的成功，也在不经意间培养出了他对演讲的极大兴趣和自信。

有一个这样的故事。

一家专门做市场数据调查的公司的女老总，要在一次发布会上做演讲。她十分重视此次讲话，所以穿的职业套装很高档、得体，大波浪发型也看得出来是精心吹过的。

然而当女老总站在讲台上后，她就将胳膊肘往讲台上一放，她整个人的重心就紧紧地靠在了讲台上，并且就这样一直毫无间断地把话讲完了。

这就是所谓的"站不定"。本来，往台上一站，应该就如同古人所说的"站如松"：两腿并拢，身体站直。然而由于女老总非常紧张，下意识地要找心理依靠，因此就一直靠在讲台上讲完了话。

由此可见，**即兴演讲往往取决于你是否拥有勇气和胆量**。当然，勇气和胆量绝对不是天生就会有的，而是由后天精心培养出来的。练习的次数越多，会越有勇气和胆量，越能够更出色地表达自己。

第五节

知己知彼——即兴演讲前做好五点准备

演说者要有备而来，才可以获得成功。这就如同士兵上战场一样，倘若不带武器，又怎么能够战胜自己的敌人呢？

林肯总统曾这么说："我相信，我若是无话可说时，就是经验再多、年龄再老，也不能免于难为情的。"由此可见，要进行成功的演讲，就一定要做好充足的准备。否则，等着你的就只能是失败。

卡耐基在自己的著作中讲述过这样一个故事。

乔伊斯先生是美国著名的资深新闻评论家，他在哈佛大学还是学生的时候，曾经参加过一次演讲竞赛。那个时候，他选了一则短篇故事，题目为"先生们，国王"。而且，他把这篇故事非常熟练地逐字背诵了，并练习了很多次。

可是，就在比赛时，当他说出题目后，突然头脑里出现一片空白，结果却什么也说不出来了。顷刻间他变得惊慌失措起来，以至于他竟然不知道究竟该怎么办。很快，他就开始慢慢地尝试用自己的话来讲故事，并且非常完整地把它讲完了。

当评审把第一名的奖章颁给他时，他竟然一下子吃惊到了极点。

从那时开始，乔伊斯先生便不再背诵任何一篇讲稿。一般情况下，他绝不用讲稿，而是只做些笔记，然后非常自然地对着广大听众讲话。这也是他的广播事业之所以取得成功的原因之一。

大多数人都这么认为，一个聪明的演讲者在讲话前的准备就是事先写一篇演讲稿，然后照着演讲稿念，如果不适合念，那么就背诵。但是你是否知道，背演讲稿是很容易忘词的。

因此，这种方法不仅没有降低演讲者的紧张心理，还因此担心忘词而加剧心理负担。严格地说，念稿、背稿绝对是不能叫作"演讲"的。那么正确的"演讲准备"究竟如何做呢？

一般来讲，首先是对演讲内容作一个深入的、认真的思考。

诺曼·托马斯是一位卓越的演讲家，面对持不同政见的听众，他同样可以吸引他们的注意力，并且赢得他们发自内心的敬佩。他说:"如果你要发表一篇重要的演讲,你得先与讲题休戚与共一段时间,并在内心深处进行反复思考,把演讲前的准备变成自己生活的一部分。"

这样,无论是看报,或是上床睡觉,或是走在大街上,或是早上醒来时,你都会不自觉地发现有很多对演讲有用的生动事例或表达方式正源源不断地朝你的右脑涌来。一般情况下,平庸的演讲通常产生于平庸的思考,这是对讲题认识不完全的结果。

除了重要场合需要写讲稿以外,其他情况下都可以不必写稿,而只需经过深思熟虑整理出讲话提纲,包括大体结构,还有主题和材料等都要浓缩在提纲里,然后再非常认真地做几次模拟预讲就行了。

即兴演讲的能力对一个人的成功起着重要的作用,对此,每个人都不应该忽视对该项能力的培养。当然,有准备才会有成功,即兴演讲也是如此。那么到底如何准备才能够赢得即兴演讲的最后胜利呢?

1. 充分了解听众

你要学会了解自己的听众,以便可以适时地调整演讲内容或表达方式,从而获得最佳效果。

2. 仔细研究演讲主题

如果你是个演讲行家,那很好;否则,你就要认认真真地分析演讲主题。在一般情况下,一个主题往往涉及很多方面,而论点要从立论、悖论以及中间立场三个角度来研究。

你一定要了解专家对该主题的看法和见解;你一定要阅读行业报纸和杂志,了解新闻媒体对该主题的报道;你一定要善于利用互联网以及强大的搜索引擎查询与该主题相关的信息。如果你全身心地去做准备了，就一定能够得到自己想要的效果。

3. 尽量熟悉演讲地点

最理想的情况是，你能够请人送你一份演讲现场的布局图，标明现场的基本情况，包括出入口、讲台、座位安排等。如果此人没有布局图可以提供，你可以请他向你描绘一下现场环境的一些布局。

因为对将要发表讲话的现场环境越了解，你的心里就会越感到踏实。

除此之外，如果你打算在发言的时候使用幻灯片或视频，那么了解有关设备的连通性更是非常必要了。

4. 学会试讲

关于试讲，你必须做到"全真模拟"。为什么要这样做呢？这是因为在一般情况下，人们在公共场合演讲都会非常认真，它通常与某种职业或关系息息相关。因此，你尽其所能地使试讲变得真实、可信。

如果你想看到自己讲话的模样，那么镜子是一种有用的工具，但是最好的工具是用摄像机。

除此之外，你完全可以将模拟听众集合起来，对你的试讲提出一些批评意见。倘若是感觉敏锐的模拟听众，就可以给你更真诚、更有见地的反馈。你将因此而获益良多，而这是独自排练所无法达到的效果。

5. 认真分析，但不深入探讨

本次讲话结束时是为下次讲话做准备的最佳时机。为什么会这样呢？这是因为从听众那里得到的反馈将为你提供一些线索，使你可以非常清楚地知道自己发言时的得失，然后再根据具体情况作出相应的一些调整。

如果你有机会对某个听众进行采访，让他谈谈对你发言的一些印象，那再好不过了。除此之外，匿名问卷也是一种不错的选择方式，为什么会这样呢？因为人们在匿名的前提下，更愿意非常真诚地告诉你情况的某些真相。无论如何，你要想方设法地获得一切有用的信息，以便增强你发言的影响力。

如果你的发言进展得不顺利，就要从对具体细节的分析入手，然后再想方设法地解决问题。但是千万不要在细节上过多地纠缠，因为下次还有机会去不断地完善它。

第六节
先动脑，再动口——练就倾听两大妙招

在这个世界上，每个人都渴望得到别人的理解与认可，倘若我们想表示对对方的尊重和欣赏，最常用也是最有效的方法就是认真地倾听他的谈话，并且非常努力地去理解他的谈话内容和他内心深

即兴演讲：关键时刻不能输在表达上

处的真实感受。

很多时候，我们应该化被动为主动：**先倾听，然后再提出自己的想法。**

大名鼎鼎的诸葛亮被人们称为"卧龙先生"，而庞统则是与他齐名的"凤雏先生"，他们两个人的才能与智慧不相上下。但是庞统由于容貌丑陋，投奔刘备后，被打发到了耒阳县去当县令。

庞统原本想凭借自己出众的才学获得刘备的赏识，然而刘备表现得非常冷淡，无奈之下他就只好勉强赴任了。在上任一百天的时间里，深感怀才不遇的庞统整天里只知道喝酒，根本不理政务。

不久，张飞奉旨巡视荆南诸县，他来到耒阳县，听到众人对庞统的反映后，勃然大怒，责骂庞统亵渎职守，荒废政务。

看到这种光景，庞统根本不以为意，他十分从容地说："百里山县，些小公事，何难决断！将军少坐，待我发落。"

张飞一反平时的鲁莽，静坐一旁，细心倾听。

这个时候，县衙的小吏把积压的公务案卷全都搬了出来，而告状的人都在堂下跪着。庞统眼看耳听，口中发落，手下判文。由于曲直分明，竟然没有分毫差错，周围的所有百姓都叩首拜服。结果短短半天的时间，数月所积的公事竟然全部了断。

张飞见了，对庞统心服口服并向他道歉："先生大才，小子失敬，我一定在兄长处极力举荐你。"

就这样，庞统终于得到了刘备的重用。

在这个故事中，鲁莽的张飞由于倾听认识到了庞统的价值。试想一下，如果张飞一味地固执到底，那么很可能就要埋没庞统这位难得的良才了。由此可见，倾听在与人交流沟通中有着重要的作用。

精明的演讲者懂得变被动为主动，先倾听再讲话，而这样做往往能够得到很好的效果。

卡耐基曾经为人们讲了这样一个故事。

美国一家著名汽车公司想要选用一种装饰汽车内部的布料，其中有三家厂商提供了样品供选用。经过一番研究后，董事会请来这三家厂商的代表作最后的说明，然后再决定到底与哪家公司签约。

在三家厂商中，其中有一家的业务代表患有非常严重的喉头炎，他不能非常流利地讲话，所以只能由汽车公司的董事长代为说明。董事长介绍讲了产品的特点、优点，然后让相关人员发表自己的意见，最后再代为回答。

但是那位业务代表则只是以微笑、点头或各种动作来表达谢意，但他很快就博得了众人的好感。会谈结束后，他获得了60万码布的订单，总金额相当于180万美元，这是他自工作以来获得的最大的一笔成交订单。

事情过后，他是这么认为的：如果他的嗓子当时没患喉头炎，可以说话，他估计自己将很难得到这笔巨大的订单。为什么会这样呢？这是因为他过去都是按照自己的一套办法去做商务谈判，并不觉得让对方表达意见更有效果。

其实，聊天是交谈双方的事，在这个过程中，说者和听者的角色会在不经意间不断地转换。正因为它确确实实是两个人的事，因此，根本没必要平等地做完全相同的事，而只要彼此发挥各自的所长就足够了。

如果你自己不善言辞，也没有必要羡慕别人滔滔不绝地讲话，而应该想方设法地让对方多说话，从而填补交谈中的对白空场。也就是说，**你可以去扮演一个忠实的听众，让对方更加舒畅地表达**。

因此，不善言辞的朋友与其费尽心思地去提高自己的口才，不如练就善于倾听的本事。那么具体该怎么做呢？

1. 学会磨炼自己的耐性

对方有表现欲的时候，你可以让他尽情地去说，并且此时你还要全神贯注地倾听，很显然这需要具有很强的耐力。倘若你认为这只是一种锻炼耐力的方式，那么你就不会再为此而感到烦躁了。

在很多时候，性格内向的人比一般人更加关注自己，因此，可以这样说，认真地听别人说话其实也是一种训练方式。

如果你能够非常耐心地并且全神贯注地听别人讲话，那么你就能够大大地提高对方对你的兴致。这是因为一个人的说话伴随着精神净化作用，不管多么微不足道的事，只要完完全全地倾吐出来，当事人都会感到心平气和。倘若你能够静下心来认认真真地倾听，那么你就可以在不知不觉中赢得对方的好感。

2. 领会对方言辞后再发言

在这个世界上，当代社会每个人都在忙碌，仿佛都没有空来听别人讲话，正因为这样，你的倾听才会体现出一个忠实听众的真正价值。

这个时候,你一定要注意自己不要说得太多,而要尽量找机会让对方尽情地说,而且还要在不影响他的兴致的同时赞同他的意见,千万不要随随便便地打断他的话。

如果双方都无视对方,经常打断对方说话的思路,以求自己一吐为快,即使表面上你来我往,但实际并不是交谈。用心领会对方说的话,然后再表达自己的见解,才是非常明智的。

有心理学研究发现,一个人说多少话和说话内容没有多大关系,只要听者能够频频点头、会意,对方就会在不知不觉间越说越多。如果听者能够认真地倾听,适当地用心表示赞同,就可以让说者尽情、畅快地讲话。

这样,在不知不觉中你就会成为谈话的高手。

第七节
学会十二种精彩开场白,牢牢抓住听众的心

演讲的开头叫做开场白,它对演讲有着双重作用。

1. 诱发听众浓厚的兴趣

开场白,可以是几句简短的话、几声感叹,或者一个出乎寻常的举动。无论如何,开场白一定要想方设法地和听众的心挨得近些,扣动他们的心弦,使他们在不知不觉间觉得你是一个可亲、可敬、可爱的人。

2. 要尽量创造一种适宜的气氛

开场白有什么作用呢？一个好的开场白可以为全篇演讲定下一个合适的基调，或提纲挈领地点明演讲的宗旨，引起下文。

因此，一个优秀的演讲者总是能够以他洪亮的声音、新奇的内容、精妙的语言、特有的风度，在一开始就能控制住全场，抓住在场所有听众的心。

一位80岁高龄的教授回到北京大学参加学校纪念会，北京大学的一草一木令他浮想联翩，仿佛又回到了以前的青春岁月。

在热闹的纪念会上，他是这么开头的："今天早上，我走出旅馆，保安问我：'老先生，您到底要去什么地方？'一听到我说去北京大学，他说：'那可是个好地方，以前您去过吗？'"

这个故事情节十分简单，而且叙述朴实，但却饱含着深沉的感情。它说明了北京大学在中国人心目中的地位，唤起听众强烈的自豪感，也表达了老教授对母校的深深眷恋之情。

那么一般情况下，在演讲中可以运用什么样的开场白呢？

1. 提问式

一个出色的演讲者一上台便可以向听众提一个或几个问题，要求他们与自己一起思考，这样做能够立即引起他们的注意，促使他们迅速地集中自己的精神。如果你能够带着问题听讲，那么将会大大地增加他们对演讲内容认识的深度和广度。

但是提问题需要注意的一点是千万不要太滥，而应该围绕演讲主题，并且饶有趣味，能发人深省。而且如果问题也不应平平淡淡，那么就很容易弄巧成拙。

2. 学会新闻式

一个出色的演讲者可以当众宣布近期一条引人注目的新闻,从而引起全场听众的高度注意。例如,演讲稿《文明古国的悲哀》用的就是新闻式开头。

> 据一家报纸报道:在国外,几乎所有国家的公共场所都专门贴有用中文写的告示牌——请不要随地吐痰和乱扔果皮、纸屑。朋友们,这并非一件正常的小事,而是对号称文明古国的子孙们的一种有力的讽刺。

这种新闻式的开头一下子就会使听众为之震惊,并对事态立马关注起来。但是新闻式的开头首先一定要真实可靠,否则很容易引起听众反感;其次,还要新,千万不能是过时的"旧闻"。

3. 学会赞扬式

在这个世界上,人们都喜欢听好话,一个出色的演讲者在开场时说几句赞扬的话,这样做可以尽快地缩短与听众之间的感情距离。但赞扬也要注意分寸,不然会给人留下哗众取宠的印象。

一个出色的演讲者可以根据听众的兴趣爱好、社会阅历、思想感情等特点,描述自己在生活或者学习上碰到的一些问题甚至喜怒哀乐,这样做很容易给听众一种亲切感,从而使双方彼此之间产生共同语言。

4. 学会悬念式

制造悬念可以让你一开始就能引起听众的好奇,并且很容易吸引他们的注意力。其实,每个人都有好奇心,在开场白中制造一些悬念，能够激发听众的好奇心，然后根据具体情况适时地解开悬念，使他们得到一定的满足，就可以使你的演讲取得巨大的成功。

5. 学会直入式

这种方式开门见山，能够直截了当地进入演讲的主题。

6. 学会道具式

道具式又叫"实物式"。什么是道具式？它是指演讲者在开讲之前向听众展示某件实物，给他们以一种新鲜、形象的感觉，从而引起他们的关注。那么到底应该运用什么实物呢？这些实物可以是与演讲主题相关的画、照片、图表、衣物等。

7. 学会幽默式

一个出色的演讲者在必要的时候可以用幽默的语言开头既可以紧紧抓住听众的心，引人发笑，引人思考，又可以在不经意间活跃会场气氛。

8. 学会忠告式

什么是忠告式？这种方式是指一个出色的演讲者以郑重其事的态度向听众讲明利害关系，引起他们的高度警觉，从而增强演讲的效果。倘若一开始就讲出事态的严峻性，可以引起听众的注意，使他们产生继续听下去的强烈愿望。

9. 学会渲染式

创造比较适宜的环境气氛，引发听众相应的情感，引导他们迅速地进入讲题。

10. 学会名人名言式

名人名言语言优美、思想深邃，具有广泛的群众基础。如果运用它作为演讲的开头，一般情况下都能够起到好的作用。但是那些司空见惯的名言不仅吸引不了人，还往往会引起听众的强烈反感。

引用的名言哲理性要强，但不要太深奥，甚至晦涩难懂，而要适当地注意它的通俗性。

11. 学会故事式

一个出色的演讲者可以在开头的时候讲一个与演讲有关的故事，从而引出演讲主旨。对于这个故事要求比较完整，还要有一定的情节，通过情节不仅能够将听众不知不觉地引入，还能够将自己的观点融入其中。当然，这样做一定要摒弃复杂的情节和冗长的语言。

12. 学会即席式

一个出色的演讲者能够以演讲地点的事物作原型，借以说明一些道理。这种方式能够缩短演讲者与听众之间的心灵距离，从而增强演讲的感染力。

第八节
即兴演讲要做到长话短说

即兴演讲一定要学会长话短说，"筛选"出最精辟的词句，恰如其分地表情达意，尽可能用简短的话语表达出深刻的内涵。

即兴演讲：关键时刻不能输在表达上

有一年，某国家政要发表了反对德国法西斯入侵的讲话，总共只有短短的3800多字。斯大林本人竭力反对废话连篇，他曾在一篇报告中讲述了这样一种情形：

某国家政要问："你们的播种工作怎么样了？"

工作人员回答："同志，问播种工作吗？我们已经动员起来了。"

某国家政要问："结果怎么样呢？"

工作人员回答："同志，我们有了转变，马上就会有转变。"

某国家政要问："究竟怎么样呢？"

工作人员回答："我们那里有了一些进展。"

某国家政要问："可是你们的播种工作究竟怎么样呢？"

工作人员回答："同志，我们的播种工作暂时还毫无头绪。"

这个工作人员的回答可真是废话连篇的典型，当然，他的言不由衷的回答也可能是因为他想蒙混过关。不过，冗长的讲话是最让人倒胃口的。

据说，有一次，美国著名的大作家马克·吐温在教堂里听牧师讲话，刚开始的时候，他听得津津有味。以至于他竟然高兴地打算将自己身上的钱全部捐出。可是，没过多长时间，牧师还未讲完，他就决定一美分也不捐了。

等待牧师演讲完了后拿着收款的盘子递到马克·吐温的面

前时，他不但没给一美分，而且还从盘子里拿出两美元，说这是对他被浪费了的时间的一种很好的补偿。

这则趣闻其实是对废话连篇者的绝妙讽刺。

古人曾经这么说过："善辩者寡言"。历史上不少善于讲话的大师往往都是惜语如金、言简意赅，留下了许多美好的佳话。

当年，某国家政要在当选总理后照例发表了讲话，然而却短得出奇。对于这件事情，有人这么说："还没等人们彻底醒悟过来，新总理已经转身回办公室去了。"

发言词只有短短的两句话："新政府的任务是国家现代化、团结法国人民。为此，要求所有人都保持平静和表现出决心。谢谢大家。"

措辞委婉，内容精辟，真称得上是"独出心裁"。

无独有偶，飞机发明者莱特兄弟也曾发表过堪称言简意赅典范的讲话。

莱特兄弟在成功驾驶飞机飞上蓝天之后，在一次欢迎酒会上，人们一再邀请二人中的哥哥威尔伯发表一番讲话。

威尔伯走上了讲台，但他却只是说："据我了解，鸟类中会说话的只有鹦鹉，而鹦鹉是飞不高的。"

就这样，如此饱含哲理的"一句话发言"，终于博得了所有人长时间的鼓掌。

即兴演讲：关键时刻不能输在表达上

即兴演讲时语言要简洁、精练，**要学会以最少的语言输出最大的信息量**，使听众在较短时间内获取较多有用的信息。反之，抓不住要点，言之无物，这样会白白浪费时间，不受欢迎。

法国著名作家福楼拜文思泉涌，堪称锤炼语言的楷模。有时候，他为了斟酌字句，经常夜不能寐。甚至在游泳时，他也经常会推敲字句。

比如，他费了很大心思才想出这样一句话："一些文句像罗马皇帝的辇车一样在脑中滚过去，时常被它们的震动和轰响声惊醒。"

有篇文章的转折处仅有8行文字，他却花了整整三天时间。

有一回，他居然为了寻找恰当的四五句话，足足花了整整一个月的时间。

福楼拜为锤炼语言呕心沥血，所以他遣词造句的本事达到了炉火纯青的地步。这对当众发言者来说，也是非常具有启示意义的。

著名作家高尔基说："简约的语言中有着伟大的哲理。"在现代社会，人们的生活节奏变得越来越快，谁还愿意坐下来听那些繁文缛节似的套话、假话、空话呢？

由此可见，即兴演讲要做到简洁、明快，就要丰富自己的词汇，千锤百炼自己的语言，并且要做到思路清晰。这是为什么呢？这是因为如果词汇贫乏，那么表达必然会词不达意，进而思路不清。

第九节
即兴演讲要做到"以情动人"

大量事实表明,真正的即兴演讲并不在于语言是否华丽,讲话是否流畅,而在于是否倾注了感情,表达了真诚!

最会推销产品的推销员,不一定能口若悬河,但是他肯定会善于表达真诚。当你可以真诚地打动别人时,你就会在不知不觉间赢得他的信任,从而与他建立起信赖关系,他也就会自然而然地相信你所说的话,进而购买你的产品了。

其实,即兴演讲也是同样的道理。即使你把演讲稿背得滚瓜烂熟,讲得也很顺畅,但如果你的演讲缺少诚意,那么会很快失去吸引力,就如同一束漂亮的绢花,由于没有生命,从而缺少真正的魅力。

因此,一个高明的演讲者首先要做的是以诚待人,把自己的心意传递给听众。只有当对方感受到你的诚意时,他才会打开心门,你们之间才能够实现沟通和共鸣。

在找书的过程中,我紧紧地搂抱了妈妈一下,然后便轻轻地走开了。结果没过多久我听到了母亲的拐杖声,母亲说:

"孩子,你很久没有抱娘了。"

听了这话,当时我的眼泪立马就掉下来了。那么到底什么是幸福呢?我深深地觉得这就是我追求的幸福。

你们的爷爷奶奶、外公外婆、爸爸妈妈把你们带大,现在他们老了,还有谁去关怀他们?如果以后你们回家,找个机会去好好地抱抱他们,你们会发现他们的眼中可能会含有感动的泪水。

为什么会这样呢?因为可能已经很长时间,十年甚至二十年都没有人抱过他们了。你们从小一直是他们抱着的,可是今天他们老了,究竟为什么没有人去抱抱他们呢?

因此,在今天回去以后,就去抱抱你们的爸爸妈妈、爷爷奶奶,抱抱这些老人好不好?

刘墉在这次演讲中首先极其坦诚地讲述了他在家里拥抱妈妈的幸福感受,然后他立马话锋一转,引向幸福这种真挚的感情流露。接着,他又不失时机、非常真切地讲述了关怀亲人的道理。尤其最后一句一下子感染了在场的所有观众,一下子赢得了雷鸣般的掌声!

还有一个有关真诚的故事。

一天,某国家政要的律师事务所突然之间来了一位步履蹒跚的老寡妇,她是一位阵亡士兵的遗孀。她向某国家政要哭诉,说她本应该领取的400美元抚恤金,却被一个贪官强索要去200美元的手续费。

某国家政要听后,顷刻间勃然大怒,他毫不犹豫地代她向法庭起诉了那位贪官。

开庭的时候，某国家政要非常愤怒地盯着被告，他态度严正，言之有物，慷慨陈词，情感热烈，几乎像要跳起来：

"……在过去的岁月里，她也是位非常美貌的女子，可是现在她却无依无靠，无可奈何，只好来向享受革命先烈所争取到的自由的我们，请求给予同情的帮助和人道的保护。我现在要问的是，我们是否应该给予她一定的援助呢？"

某国家政要说完后，他的话一下子打动了在场的所有人，他们不由自主地流下了同情的眼泪。法庭最后确确实实追回了老寡妇的抚恤金，并且还严审了那个贪官。

当你真诚地发表自己的意见、以情动人时，便能够赢得掌声。当然，与此同时，你还要注意在交际中使对方感到情感的真实，也就是说话一定要发自内心。

作家王潜曾经这样说："说话人装着对自己所说的话毫无情感，把自己隐藏在幕后，也不理睬听众是什么人，不偏不倚、不痛不痒地背诵一些冷冰冰的条条儿，玩弄一些抽象概念，或是罗列一些干巴巴的事实，没有一丝丝的人情味，这只能是掠过空中的一种不明来历去向的声响，即所谓'耳边风'。"

那么到底怎样才能够引起别人的兴趣，让别人产生一定的共鸣呢？

曾经有人这么说："只有被感情支配的人最能使人相信他的情感是非常真实的，因为人们都具有同样的天然倾向，唯有最真实生气或忧愁的人，才会激起人们的愤怒和忧郁。"

第十节
演讲要注意分寸的五种技巧

有句古话是这么说的:"言者无心,听者有意。"这是什么意思呢?它的意思是:你明明只是无心地说了一句话,却"有意"地伤害了别人的自尊,这轻则会引起对方的反感,重则会给自己引来灾祸。

因此,<u>在你与人交往时,一定要注意讲话的分寸。</u>

很多人在生活中都有过被别人的"无心之言"伤害的经历,倘若你心胸开阔,可能就非常大度地原谅了对方;倘若你心胸狭窄,则很可能一辈子为此耿耿于怀。

别人随便说的一句话,却弄得你"不得意",这在心理学上称为瀑布心理效应。即信息发出者的心理比较平静,但是信息接收者却在不知不觉间引起了心理失衡,并伴随着态度、行为的变化等。这种心理效应正像瀑布一样,上面平静,下面却浪花飞溅。

刘邦打败项羽,平定天下后,开始对部下论功行赏。这时,群臣都各不相让,所以吵了一年多还没完没了。

刘邦个人认为萧何功劳最大,所以就封萧何为侯,给他的

第二章 即兴演讲,你紧张了吗

封地也最多。然而群臣对这件事非常不服气,他们私下经常议论纷纷。分封的事好不容易尘埃落定,众臣对排席位的事又起了争议,许多人说:"平阳侯曹参受过七十多次伤,攻城略地,屡战屡胜,功劳最多,理应排在第一。"

刘邦在分封上已经非常偏袒萧何,委屈了一些功臣,所以在席位上就不好意思再坚持己见,然而他还是有点不甘心。

此时,关内侯鄂君揣测出了刘邦的心意,于是他就自告奋勇地对刘邦说:"大家都错了!曹参虽有战功,然而那仅仅只是一时之功。皇上与楚霸王对抗五年,时常有部下逃走,但是萧何却常常从关中派人填补战线上的漏洞。"

"楚、汉在荥阳对抗好几年,军中缺粮的时候,也都是萧何辗转将粮送到关中。而且,皇上有好几次都是依靠萧何才保全了关中,这才称得上是万世之功。现在,即使少了一百个曹参,对大汉也不会有什么巨大的影响?所以我们大汉也不必靠他来保全!你们又凭什么认为一时之功高过万世之功呢?因此,我主张萧何第一,曹参居次。"

这番话正中刘邦下怀,他听了感到十分高兴,连连称好,于是下令将萧何排在首位,而且可带剑上殿。而鄂君也因此被加封为"安平侯",得到的封地多了将近一倍。可以这样说,他凭着察言观色的本领和能言善辩的口才享尽了人世间的荣华富贵。

子曰:"巧言令色,鲜矣仁。"然而在当今这个时代,不巧言令色并不会彰显你的仁德,但是有时候反而凸显你的不识时务。

即兴演讲：关键时刻不能输在表达上

即兴演讲一定要懂得掌握说话时机，因为倘若一旦说了，就要为自己的话负责。一个人如果没有真知灼见，那么他的话不能折服他人。因此，一个高明的演讲者应该掌握好即兴演讲的分寸。

那么演讲时做到注意分寸的五种技巧如下。

1. 直爽并不代表无所顾忌

一个人在即兴演讲时只图一时之快，不讲方式、方法，这样的演讲是很容易得罪人的。比如，批评别人的时候你虽然心地坦白，没有任何恶意，但如果不考虑场合，使被批评者下不了台，面子上过不去，自尊心被严重地伤害，他就会不由得对你产生某种想法。

2. 见人只说三分话

为人谨慎些，说话小心些，这样做能够使自己置身于有利位置，牢牢地把握人生主动权，无疑是十分成功的。一个毫无城府的人，会显得十分浅薄而不受别人的欢迎。有句话说得好："上帝之所以给人一张嘴巴、两只耳朵，就是要人多听少说。"

3. 千万不要口无遮拦

在与人沟通交流时，千万不要探问别人的隐私，更不要当着众人的面揭对方的短；千万不要故意渲染和张扬别人的错误，要给对方留上点回旋的余地；说话不能不看时机，千万不要强人所难。

4. 再好的话题也要懂得适可而止

即使是很好的话题，说话的时候也要注意适可而止，否则会让人感到非常疲倦。如果不能够引发对方发言，你就一定要另找新鲜话题，吸引对方的兴趣。

5. 多读一点书

读书可以帮助你了解世界上的新事物，即使是伟大的演说家，他也一定要借助阅读的灵感。

说话的尺度和办事的分寸类似于一匹宝马，驾驭好了就可以日行千里；驾驭不好，就会让你摔跟头。如果你在演讲时有所注意并加以改善，那么就能够起到事半功倍的效果。

第十一节
培养独特演讲风格的五大妙招

什么是演讲风格？演讲风格是指谈话者在交际中形成的稳定、鲜明又独特的表达手段，从而使自己展现出一种个性十足的风貌。在与他人进行沟通交流时，一个高明的演讲者除了能把话说到点子上之外，还会注意说话时语气的顿挫、意蕴的风趣和手势的得体。

培养自己的讲话风格，对你将起到意想不到的效果。一个人只有拥有自己的讲话风格，才能更容易吸引别人。

倘若你想成为一名优秀的演讲者，那么你的讲话风格必须有某种独特性。当然，刚开始你可以利用自己的长相或身体的某种特征，但这只是暂时的，而且远远不够，并不能真正地吸引人，除非你有伟人的那种超凡的魅力。

美国艾奥瓦州锡格尼市的凯欧库克旅馆，在方圆几十英里内，是流动推销员最喜欢去的地方。他们从来是不管离得多远，都会到那个地方投宿。

这到底是为什么呢？其实这是由于那里的店老板，他被人称为"快乐的韦勒"，他是一位笑口常开的人。

韦勒对任何人都可以说上几句好听的话，很长一段时间里，人们从来没有听他说过一句不顺耳的话。

韦勒有他与众不同的地方，说话有他自己独特的风格，过了一阵子，他获得了巨大的成功，成为当地非常有名的富翁。

韦勒为什么会取得成功呢？

其实，这得益于他能够保持自己独特的说话风格，而不是一味地模仿别人，让自己沉浸在别人的风格里。正是由于这个原因，他通过不断的努力，打造自己的个性特征，最后才取得人生的巨大成功。

没有人喜欢呆板的程序化的演讲，演讲者一定要有自己的演讲风格。那么如何培养自己独特的演讲风格呢？

1. 尽量不要模仿别人

世界上没有两片完全相同的叶子，与此同时，世界上也没有两个完全相同的人。每个人都有自己的个性和特点，所以一定要树立这样的观念：寻找自我，让自己与众不同。

即兴演讲也是这样。刚开始练习演讲的时候，你可以适当地模仿成功的演讲者的演讲风格，但是千万不要永远模仿他们，要逐渐形成自己的风格。

2. 符合自己的特点和特长

你是什么样的人，有着什么样的个性和特长，就得选择怎样的演讲风格。

倘若你是一个充满激情的人，那么激昂型的演讲风格会更加适合你；倘若你是一个平易近人型的人，那么朴实型的演讲风格更加适合你。

因此，只有了解自己的特点和特长，才能够确认你的演讲风格。

3. 选择熟悉的内容

如果你谈话的内容是自己熟悉的，那么你就会变得十分自信，这样能够给听众带来权威感，他们就会非常认真地听你发言，从而在不知不觉间忽视你的失误。

4. 说话一定要自然

用自然的语调和语速说话，这样做会让人更受到众人的欢迎。经过调查发现，人们对音调过高、语速过快的演讲者往往表现得十分反感。

独特的口音不仅不会有影响，反而会在不知不觉间增加演说的吸引力。因此，你完全可以放开胆子、轻轻松松地讲话，而且不必担心口音问题，因为口音能够使你的演说收到事半功倍的效果。

5. 在演讲中赋予真情

即兴演讲的时候千万不要将你的观点强加于人，也不要说过于激动的话，这样做往往会让听众反应不及。但在演讲中，完全可以自然地流露感情，比如热情、同意、疑惑等都可以适时地宣泄出来。

再煽动性的语言也没有真情更有说服力，再贫乏或枯燥的主题，只要演说者能够表现出强大的兴趣，听众也会非常认真地聆听下去的。

第十二节
一定要避开八个雷区，不要触及个人隐私

什么是个人隐私？ 个人隐私是指一个人出于尊严和其他方面的考虑，不愿意公开、不希望被外人知道的秘密。现代社会中，人们更加尊重个人隐私，并且将其视为一个人在待人接物方面有没有教养的重要标志之一。

小刚刚工作不久就被派到外地去出差。在火车车厢内，他碰到一位来自上海的年轻姑娘。

由于对方首先向小刚打了个招呼，小刚觉得倘若不与对方寒暄几句实在显得不够友善，便大大方方地聊了起来。在交流中，小刚有点没话找话地询问对方："你今年多大了？"

出乎小刚意料的是，这位姑娘竟然答非所问地道："你猜猜看。"

小刚觉得没趣，转而又问："到了你这个岁数，一定结婚了吧？"

听了这话，那位姑娘的反应更令小刚出乎意料：对方居然转过

头去，再也不搭理他了。

一直到下车，他们再也没有说过一句话。

在与他人的交往中，尤其是在涉外交往中，一定要充分地尊重别人的隐私。也就是说，对于涉及对方隐私的一切问题，都应该自觉地予以回避。

需要注意的是，千万不要信口开河，不然很可能会令对方极度不快，甚至因此损害双方的关系。

其实，与他人进行交谈时，对于那些个人隐私方面的话题，不应涉及。一般而言，需要注意以下几个方面。

1. 年龄

在生活中，人们普遍将年龄当作"机密"，不会轻易告诉别人。这是因为人们一般都希望自己永远年轻，而对"老"字讳莫如深。

2. 收入

人们习惯性地认为，一个人的实际收入，与其个人能力和实际地位直接相关。因此，收入一向被人们看作是一种脸面，忌讳他人直接或间接地打听自己的收入。

除了收入外，可以反映个人经济状况的问题，如纳税数额、存款、股票、私宅、汽车、服饰等，因与收入相关，所以在与人交流沟通时也不要轻易提及。

3. 婚恋

中国人对亲友尤其晚辈的婚恋常常牵挂在心。他们认为，面对初次见面的朋友，去交代自己的婚恋问题不仅不会令人愉快，反而会十分难堪。

在一些时候，跟异性谈论婚恋问题，有可能被视为无聊，甚至被诬告为"性骚扰"，从而吃官司。

4. 家庭住址

中国人交往，对家庭住址通常是不保密的。不仅如此，中国人还喜欢串门，乐于请人上门做客。

5. 身体健康

中国人见面后彼此打招呼时，大家会相互问候："身体好吗？"倘若对方身体一度欠安，为了表示关心，人们还会非常关切地询问："病好了没有？"倘若彼此关系密切，还会直接向对方推荐名医、偏方。

6. 信仰和政见

在与人交往中，由于人们所处环境的意识形态不同，所以应当抛弃信仰、政见的不同，而以友谊为重，以信任为重。

假如对交往对象的信仰、政见品头论足，或是将自己的观点强加于人，都是不友好、不尊重的一种表现。最明智的做法就是避而不谈。

7. 个人经历

与人第一次见面，中国人往往喜欢打听对方："哪里人""哪所学校毕业""以前做什么工作"。总而言之，就是想摸对方的"老底"。

8. 在忙什么

在中国，熟人见面时免不了要相互询问对方："忙什么""上哪儿去""从哪里回来""怎么好长时间没见到你"。

第三章

练就即兴演讲的本领

只有练就即兴演讲的本领，你才会勇敢地说出自己的意见和见解，向别人表达你的友善与爱，博取众人的掌声。倘若你不具备这种本领，那么一切将只能是镜中花、水中月。

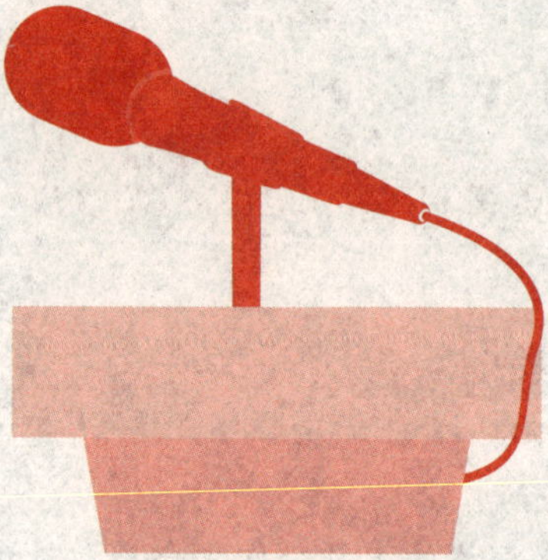

第一节
选择正确的吐字方式

演讲者没有取得成功的原因之一，有可能是因为听众听不清、听不明、听不准他的演讲。根本原因是，他吐字不清，归音不到位。

那么什么是吐字归音？

吐字归音是说唱艺术中传统的咬字方法，分为出字、立字、归音三个阶段。出字要准确；立字要圆满；归音要鲜明。

吐字归音可以用以下方法进行训练。

1. 弹唇

双唇紧闭，阻断气流，突然打开，然后爆发 b 或 p 音，一连做二三次，大约需要进行 1 分钟。

2. 转唇

双唇闭合，然后用力撮起，顺时针转动 360 度，最后再逆时针转动 360 度。

3. 弹舌

舌头轻触上齿背，以气冲击舌头，令其跳动起来，用"er"练习。

与此同时，下列绕口令你不妨用来练习吐字归音。

1. 短的绕口令

"荞麦摘巴，包谷摘巴。"

"妈妈骑马，马慢妈妈骂马。"

"妞妞轰牛，牛拗妞扭拧牛。"

2. 长的绕口令

"进了门儿，倒杯水儿，喝两口运运气儿，顺手拿起小唱本儿，唱了一曲儿又一曲儿，练完嗓子练嘴皮儿。"

"打南边来了个喇嘛，手里提着五斤蓖麻，打北边来了个哑巴，腰里别着个喇叭，南边提着蓖麻的喇嘛，要拿蓖麻换北边别着喇叭的哑巴的喇叭，哑巴不乐意拿喇叭换喇嘛的蓖麻，喇嘛非要换别着喇叭的哑巴的喇叭，喇嘛抡起蓖麻抽了别着喇叭的哑巴一嘴巴，哑巴摘下喇叭打了提着蓖麻的喇嘛一喇叭，不知是提着蓖麻的喇嘛抽了别着喇叭的哑巴一嘴巴，还是别着喇叭的哑巴打了提着蓖麻的喇嘛一喇叭。喇嘛拿眼瞪哑巴，哑巴向南啦啦吹喇叭。"

如果在演讲过程中把各种声音合理、巧妙地组合起来，这样做就会让你的演讲大为增色。因此，在演讲时我们要控制语音、语速、语气，适时地去调节音量。

宣传性、鼓励性演讲，语音一定要高亢；纪念性、悼念性演讲，语音一定要低沉；欢乐、热烈性演讲，语音一定要自然。

宣传、鼓励性演讲，适合用中高语速；纪念性、悼念性演讲，适合用中低语速。

座谈会、讨论会、记者招待会等，语气一定要平缓；庆祝会、表彰会、工作汇报会、纪念会、追悼会等，语气一定要肯定；慰问、视察灾区、贫困地区，语气一定要庄重。

需要注意的是，演讲时要克服以下不好的习惯。

（1）杂音、鼻音。

（2）矫揉造作的语调。

（3）方言、外来语过多。

（4）粗话。

（5）口头语。

（6）夸大其词。

（7）吞吞吐吐。

演讲时，还要根据对象使用合适的称呼。 对听众的称呼，有泛称、类称的区别。泛称具有一定的广泛性，能够普遍使用，如同胞们、同志们、朋友们等；类称具有特殊性，适用于某一类人，如领导们、战友们、同学们等。

第二节

即兴演讲时调整语气的三种技巧

讲话是交流信息、传情达意的，是人们对发音器官的有意识控制和使用，而它的一个重要对象就是声和气。**恰到好处地使用声和**

即兴演讲：关键时刻不能输在表达上

气，不仅能充分地表达情感和意图，还能使说的话充满感染力。

在一般情况下，语气在谈话中有着重要的作用，有些人说话容易被人接受，有些人说话却不易被人接受。究其原因这大概是由语气造成的。同样的一句话，用不同的语气来表达，会起到不同甚至相反的效果。

例如，"我爱你"，倘若用真挚的语气说出来，就是一腔真情；倘若用油滑的语气说出来，那就是另外一种情景了。

总而言之，一定要注意说话时的语气。

一次，著名文学家郭沫若在台下观看自己创作的历史剧《屈原》的演出，他听到婵娟痛斥宋玉："宋玉，我特别的恨你，你辜负了先生的教诲，你是没有骨气的文人！"

郭沫若听后，感到"你是没有骨气的文人"这句话，骂得还不够有分量，所以就立马走到后台去找"婵娟"商量。

"你看，在'没有骨气的'后面加上'无耻的'三个字，是不是分量就会重一些？"

这时，正在一旁化妆的演员张逸生，灵机一动，顺口插了句话："不如把'你是'改为'你这'，'你这没有骨气的文人'，这样看起来多够味，多么有力！"

郭沫若听了，立马拍手叫绝，连称："好！好！"

由此可见，说话离不开语气。在一句话中，不但有遣词造句的问题，而且有用什么样的语气表达，说话才准确、鲜明、生动的问题。在上面这个故事中的一字之改，不仅仅会使原来的陈述句变为坚决的判断句，而且更为重要的是，使语言有了强烈的感情色彩，语气也会变得更加有力，让婵娟的愤怒之情溢于言表。

要想通过说话充分地表达自己的思想感情，不是靠声高来实现，而是靠语气取胜。 虽说"理直气壮"，然而有理不在声高。有理再加上得体的语气，才可以收到通情达理的效果。

因此，一个高明的演讲者讲话时把握好分寸是十分重要的。

事有轻重缓急，语气有抑扬顿挫。一个高明的演讲者只有把握好了语气，说出的话才会使对方理解和接受，才能达到预期的效果。当然，语气的运用也要分场合、对象、时间。

即兴演讲时，调整语气有以下三种技巧。

1. 因人而异

一般情况下，语气能够影响听者的情绪和精神状态。如果听者适应语气，喜悦会自然而然地引发喜悦之情，愤怒会自然而然地引发愤怒之意；听者不适应语气，生硬便会引发不悦之感，埋怨便会引发满腹牢骚，等等。

2. 因地而异

一般来说，如果场面比较大，你完全可以适当提高音量，放慢语速，突出重点；相反，如果场面比较小，你完全可以适当降低音量，加快语速，追求自然。

3. 因时而异

同样的一句话，在不同的时候说，效果往往会完全不同。牢牢地抓住说话时机，运用适当的语气才会产生一定的效果。

语气傲慢会引起别人的反感；反之，则会赢得对方的欢心。所以，在即兴演讲时要注意语气，这样的讲话才会给人一种舒服的感觉。

第三节
控制演讲节奏的两种技巧

与人交流时，要想让自己说的话大家愿意听、喜欢听，就要控制好说话的节奏。

一次下班途中，一位青年遇到一群刚看完球赛的学生，就顺口问道："请问，这场比赛哪个队赢了？"

一个学生非常兴奋地说："中国队大败日本队，获得冠军。"

"是中国队大败，日本队获得冠军？还是中国队大败日本队，获得冠军？"这位青年有些迷惑不解了。

于是，他又问了另一个学生，才最终确定是中国队获得了最后的胜利。

为什么这位学生说话让人产生误会呢？那是因为他没有掌握好讲话的节奏。

什么是讲话节奏？讲话节奏就是说话的快慢，我们在与人进行交流沟通时要借助它来表达自己的思想感情。

在我们的生活中，有的人说话快，一大堆话一口气就能够说完，像是打机关枪一样；而另一种人则恰恰相反，说话慢条斯理，或者半天也说不出一句来。

那么到底为什么会这样呢？其实，这还是讲话的节奏问题。

讲话要该快则快，该慢则慢，这样才能够有起伏、轻重，形成的口语才能够悦耳动听、朗朗上口；反之，话语就不会打动别人的心。在运用口语时，一定是有节奏、有变化的语言才会生动；否则就会显得呆板。

节奏主要体现为停顿，如果能够掌握好，听众会非常高兴地听你讲话；否则，讲话没节奏，就像催眠一样使人昏昏欲睡。

某所著名大学举办写作知识讲座，主讲老师在谈到细节描写的时候，这样提问："请问同学们，男生和女生回到宿舍时，摸钥匙开门的动作到底有什么不同呢？"刚刚说到这里，主讲老师立马停顿下来，让学生们自己好好地去揣摩。

台下的大学生们立马活跃了起来，有的私下议论，有的举手回答，有的干脆模拟自己回宿舍时找钥匙的动作。

过了一会儿，老师对大家说："据我观察，大多数的女生才上楼梯时，手就在书包里摸索，走到宿舍门口，凭感觉捏住一大串钥匙中的某一把钥匙，往锁孔里一塞，这样门很快就打开了。

而大多数的男生又是什么表现呢？他们匆匆忙忙地跑到宿舍门口，'砰'的一脚或一掌，门无法打开，这才想起找钥匙。摸了书包摸裤袋，摸了裤袋又摸衣袋，好不容易摸到了钥匙串，把钥匙往锁孔里一塞，竟然无法打开门。这时他们才发现，钥匙又摸错了。"

主讲老师的详细描述一下子引起大家一阵会心的笑声。

等同学们笑过后，老师总结道："把男生和女生回宿舍摸钥匙开门的动作非常仔细地描述出来，就是所谓的细节描写，而生动的细节描写又来源于对生活的细致观察。"

这位写作老师非常巧妙地利用停顿，让听众探索悬念的答案，然后利用解答悬念抛出讲课的要点，从而取得了很好的教学效果，这就是利用说话节奏的效果。

那么我们怎样才能够掌握好讲话的节奏呢？

1. 注意演讲时应该减速的地方

需要特别强调的事情，极为严肃认真的事情，使人感到疑惑的事情，勉强控制的感情，数据、人名、地名，等等。

2. 演讲时应该加速的地方

任何人都知道的事情，无法控制的感情，不太重要的事情，精彩的故事进入高潮时，等等。

即兴演讲的节奏和语气一样，都会影响到听众。即兴演讲的节奏不同，给人的感觉也会有所不同。**即兴演讲的节奏快，会给人一种急促的感觉；即兴演讲的节奏慢，会给人一种非常平缓的感觉。**因此，在即兴演讲时，要注意恰当地运用讲话的节奏，把自己的思想情感表达出来。

第四节
妙用七种修辞手法，让你的语言更有分量

修辞是对语言进行修饰的技巧，就像给语言添上了精致的妆容。恰当地使用修辞可以增强表达的感染力和吸引力，使你的演讲更加形象生动。因此，掌握一定的修辞技巧，对提高演讲的效果非常重要。

最常用的修辞技巧有以下几种。

1. 引用法

这种修辞方法是最常用的。许多人在说服对方时，经常会引用一些故事来讲道理，事实证明，这样做能够收到很好的效果。

在战国时，著名纵横家苏秦为了说服秦惠文王采纳他称霸天下的观点，他聪明地使用了旁征博引的说理方法。

苏秦先极其详尽地分析了秦国国情，包括优越的经济、政治条件和强大的军事力量等，并以此为称霸天下的证明。可是，秦惠王没有被打动。

接着，苏秦又列举了历史上三皇五帝的种种事迹，继续以自己出色的口才说服秦惠文王，最后秦惠文王终于采纳了他的建议。

当然，有时我们讲话时并不需要引用一个长故事，而只需一句

话就行，比如一句古话或俗语，往往能够起到非常好的效果。

2. 比喻法

关于比喻，惠施是这么认为的："以其所知，喻其所不知，而使人知之。"在与人进行沟通交流时，运用比喻往往可以收到戏剧性的效果。

对于复杂的问题，我们完全可以用比喻来回答。当对方刻意刁难我们时，我们完全可以运用相关比喻来进行反驳。

作为一种修辞技巧，比喻可以加强表达能力。但是千万不要滥用，否则就会"比喻不当"，或落入俗套。

3. 夸张法

某人又高又瘦，人们就立马形容他高得像"竹竿"；某人发了高烧，他向医生说自己的全身就像"炭火"一样烫。这些并不都是虚假的，相反却能够在不知不觉间大大地加深了听者的印象。这便是夸张修辞的效果。

夸张修辞往往言过其实，但是听者却不觉得虚假，为什么会这样呢？这是因为夸张修辞可以突出事物的某一特性，而且它常常与比喻、比拟等一起连用。

一个人合理地运用夸张修辞，既能加强说话的感染力，又能"启动"听者的想象。 但是夸张修辞不可以哗众取宠，更不可以信口开河。一定要以客观事物、事实为基础，凸显其中的某个特性。

另外，运用夸张要懂得注意分寸，千万不要为了猎奇而运用，比如在作报告时就不可以随意地运用。

4. 反复法

什么是反复法？反复法是指以相同的节奏重复同一个意思。你反复这样做，不仅可以吸引住听众的注意力，让他们了解你提出的观点，而且会让你的整个演讲更加圆融。

根据使用的方式，反复可以分为连续反复和间隔反复。

（1）连续反复。什么是连续反复？这是指连续重复相同的词语或句子。例如"中国演员，中国演员，将要大放异彩"，这句话中的"中国演员"连续重复了两次。又如"多谢，多谢，这事真的要好好地多谢你们"，这句话中的"多谢"连续重复了两次。

（2）间隔反复。什么是间隔反复？这是指在接连使用某个词语或句子时，中间有其他词语或句子间隔。例如"困难来了，纠缠来了，情绪来了，心、肝、身体被它们折磨着，日夜不宁……"这句话运用就是间隔反复。

5. 对比法

什么是对比法？对比法是指将同一事物的两个不同方面，或将两种不同的事物放在一起进行比较。其中，前者叫一体两面对比，后者叫两体对比。

比如，演讲者引用了这句话："亲贤臣，远小人，此先汉所以兴隆也；亲小人，远贤臣，此后汉所以倾颓也。"在这里，演讲者运用对比的修辞，让听众明白了一个简单的生活道理。

6. 反问法

当你说："难道不是这样的吗？"一方面，你认为这个问题本来就是这样；另一方面，你并不需要听众回答问题。因此，反问仅仅是为了吸引听众的注意，经常会被用在结论和过渡中。

反问还可以表达更多的意思。如果你想说服一个人，最好可以先举例，然后进行反问，这比正面辩论更有说服力。

7. 排比法

什么是排比法？排比法是用一连串内容相关、结构类似的句子成分或句子来表示强调和一层层地深入的表达方式。

某位国家政要在葛底斯堡演说中说："……我们在此坚决地表示，要让他们的死有价值；要让这个国家在上帝的保佑下得到自由的新生；要让民有、民治、民享的政府不会从这个地球上消失。"

在这里，某位国家政要在此运用了排比的修辞手法，让演讲变得更加生动、更有气势，从而感染了听众。

排比适用于任何话题，无论你想要讲什么，你都能够用上这种修辞。

修辞是基础性的语言表达技巧，能使演讲者的言辞增辉不少，显现出演讲者的魅力。一个人要让自己的即兴演讲能力出众，就应该学习和运用它们。

第五节

让演讲变得通俗易懂的三种方式

说话通俗易懂，提升说话质量，才能达到说话的目的。倘若你说话时别人无法理解或者记不住，那么你所说的话将不会起到任何作用。

卡耐基曾经给我们讲过这样一个故事。

一名医学院的学员是这样开始演讲的:"横膈膜是这样一种东西,如果它被用来呼吸,将能够非常明显地帮助肠子的蠕动,而这对你的健康是非常有好处的。"这时,他本想接着讲其他的医学理论,可是令他意想不到的是老师打断了他的演讲。

老师让听懂了这句话的人举起手来,结果,竟然没有一个人举手。也就是说,没有人听得懂他所说的话。老师要求他进行解释,告诉大家横膈膜究竟是什么以及怎样"工作"的。

于是,那位学员解释道:"横膈膜实际上是一种极薄的肌肉,它位于胸腔底部和腹腔顶部之间,会随着胸腔和腹腔的呼吸而变化。当胸腔在呼吸时,它很快就会被压缩,就如同一只倒置的洗漱盆;而当腹腔呼吸时,它就会被往下推,使它成一个平面,这个时候肠胃会受到挤压。"

"……当人们呼气时,胃和肠又往上推压横膈膜,这样就相当于做第二次按摩。其实,这种按摩对于人体排泄是非常有利的。许多人感到身体不舒服,主要是由于肠胃不适,而一旦我们的肠胃因为横膈膜的按摩而得到适当的运动,那么大部分的不舒服都会消失。"

作了这番解释后,最后大家终于都听懂了他的话。

很多时候,在人与人进行交流沟通的时候,常常会犯这样的错误。他们失败的原因,不是专业不精,而是他们只懂得大谈特谈自已熟悉的专业问题。显然，作为一般听众，对他们的专业却是非常缺乏了解的。可想而知，他们演讲的结局只能是失败了。

不止是演讲，不同职业的演讲者进行演讲时也会存在这样的问题。这会使整个演讲失去本来应有的意义。

因此，你必须学会使用通俗易懂的语言，使你的讲话让更多的人听明白。那么应该怎么做呢？

1. 尽量少使用专业词汇

专业词汇，或者说专业术语，只有相关专业人员才能够完全理解。另外，有些缩略语仅由首字母组成，可能只有本行业的人员才懂。倘若大量使用专业词汇，只会让你的演讲变得深奥难懂，从而令人望而却步。因此，在与人交流沟通时要尽量少使用专业词汇。

2. 确保你使用的专业词汇能够被人理解

我们在进行即兴演讲时，有时候不得不使用专业词汇，这时你就要对专业词汇进行比较详细的解释，以确保它可以被听众完全听懂。

3. 要根据听众确定你的语言表达方式

语言表达方式有很多，但最好的办法是用通俗易懂的语言去表达你的观点，而尽量不用想当然的方法。为了使你的讲话变得通俗易懂，你还需要对听众的情况进行仔细分析，比如确定他们的受教育程度等。

另外，还要注意符合语言习惯，尽量不要使用你自创的语言。

总而言之，在进行即兴演讲时，要想使所有人都能听懂，最好的办法是采用通俗易懂的话来讲述。

第六节

试着去改掉六种不良语言习惯

一个人的脸上有疤痕，可以用药品进行治疗。同样，语言表达方面的缺陷也能够"治疗"。说话的缺陷主要表现在以下方面：手势是否过多，嘴角是否翘起，表情是否难看（冷漠、紧张、僵硬等），声调是否压抑等。

那么具体来说，哪些行为是不良语言习惯呢？

1. 发鼻音

使用鼻腔说话时就会发出鼻音，这是一种常见且不好的缺点。即兴演讲时如果嘴巴开合不够，也会在不经意间产生鼻音。

在电影里，鼻音是一种特殊表演技巧，比如演员扮演喜欢抱怨、脾气不好的角色时，他们常常使用鼻音说话。其实，鼻音对女人的伤害比对男人更大，因此，你不可能见到一位一直用鼻音却显得有魅力的女子。

你倘若希望自己的演讲具有说服力，最好不要使用鼻音，而应该使用胸腔发音的方法。正确的做法是，平时进行即兴演讲时上下齿之间最好保持半寸的距离。

2. 讲粗话

讲粗话是一种说话的恶习，一旦养成，很难纠正。有效的办法是，找出自己使用频率最高的粗话，然后想方设法地改掉它。

首先，要学会改变讲话频率，句末停顿。

其次，即兴演讲前要先提醒自己一下，改变原有的条件反射。倘若把使用频率最高的粗话改掉了，改掉讲粗话的坏习惯也就不难了。

最后，请别人督促自己也是一种好办法，这样做能够起到提醒的作用。督促的心理作用就是造成一种不利于原有条件反射自然发生的外界环境，以促进旧习惯的终止。

3. 结巴

"结巴"是一种言语流畅性障碍，又称口吃。如果要想治愈"结巴"除药物治疗外，更重要的是去除自己的心理障碍。

李平小时候就是一个口吃患者，为了克服这个缺陷，他常常朗诵课文，对着镜子纠正嘴型，后来他成了著名的演说家。由此可见，只要保持良好的心态并坚持不懈，治疗口吃并不难。

4. 忽快忽慢

一般来讲，即使是一名出色的职业演说家，有时也难以把握说话的速度。说话太快，别人很可能听不清你的意思；说话太慢，别人则会失去继续倾听下去的耐心。

有调查研究发现，适当的说话速度为 120～160 字/分钟。但是说话的速度不宜固定，即兴演讲的内容以及你的思想、情绪会影响说话的速度。无论如何，即兴演讲时要适度地停顿，这样会给讲话增添一种良好的吸引力。

这个时候，你完全可以用秒表测量自己说话的速度，倘若你达不到上面那个标准，就完全可以尝试着去改变一下。

5. 声音尖

一个人受到惊吓时，往往会发出尖叫。一般情况下，这种行为常出现在女性朋友身上，所以对此要多加注意一下。由于声音尖比鼻音更难听，倘若有这个缺点，你一定要改掉。如果出现紧张情形，你一定要当机立断，并且尽快让自己松弛下来，同时压低嗓门。

6. 套话或口头禅

有人在即兴演讲时喜欢说套话，比如"坦白老实地说啊""我给你讲啦""你说对不对呀""你觉得如何啊""你猜猜啦"等。说这类套话虽然是小毛病，但最好的办法还是能够立即将其改正过来。

此外，在生活中，有人喜欢说口头禅，比如"那个啊""这个啊""是不是啊"等。一个人即兴演讲时反复使用这些词句，会损害即兴演讲的效果。其实，即使是一些出色的政治家，也会出现口头禅这种毛病。

那么如何做才能够克服口头禅呢？

1. 默讲

倘若你对所讲的内容不熟悉，那么就会在不经意间用口头禅来获得思考的时间。因此，事先最好要默讲几遍，对内容就会熟悉一些，正式演讲时就可以减少或避免口头禅了。

2. 朗读

朗读法可以将口语不清变为说话流利，避免口头禅。空闲的时候，你完全可以朗读一些语言大师的作品，这样做可以锻炼自己的语言表达能力。

3. 耳听

播音员、演员一般都没有口头禅，平时在听广播、看电影的时候你完全可以边听边跟着说。时间久了，你的口语水平就会在不知不觉中得到进一步提高。

4. 练习

著名演说家奥利弗·温德尔·霍姆斯说："切勿在谈话中散布那些可怕的'呃'音。"如果有条件，那么你完全可以把你的讲话进行录音，听听自己是否有这种毛病。如果发现有，那么以后在即兴演讲的时候一定要提高警惕。

因此，尽量养成从容不迫的说话习惯，对克服口头禅有很好的效果。

第七节
懂得见什么人，说什么话

一个口才出众的人，相对容易会受到大家的喜爱。这是因为他能够根据不同的时间、地点、情况，选择自己的说话方式。换句话说，他们有"变色龙"的本领。

对方喜欢什么，就顺着他去说话；对方厌恶什么、忌讳什么，就避开相关问题。只有这样，对方才会觉得你是他的知心人。

相反，倘若对长辈说话傲慢，对上级说话时言辞咄咄逼人，对同龄人进行说教，那么你将很难受到大家的欢迎。

有这样一个故事。

来自各国的实业家正在一艘游艇上一边观光，一边开会。此时，船突然出事了，开始慢慢地往下沉。船长立马命令大副立刻紧急通知大家，赶紧穿上救生衣，准备跳海。可是，大副回来报告说，没有一个人愿意跳海。

正在此时，船长的女儿说："我有法子让他们愿意跳海。"

果然，没过多久，实业家们便一个接一个地跳海了。

大副请教船长的女儿："您是如何说服他们的呢？"

船长的女儿说："我对英国人说，跳海也是一项运动；我对法国人说，跳海是一种别出心裁的游戏；而警告德国人说，跳海绝对不是一种游戏；在俄国人面前，我认真地表示，跳海是一种非常英雄的壮举。"

"您又是如何说服那个美国人的呢？"

"太容易了！"船长的女儿非常得意地笑说道，"我只说已经为他办了人寿保险。"

这个笑话让我们明白了一个道理，那就是要"看人说话"，面对不同的对象要精心选择说话的内容和方式。

按照传统观念,"到什么山上唱什么歌"似乎有点"墙头草,随风倒"的感觉,但是在我们的生活中如果你不这样做,那么只会一事无成。

  据说,有次进行全国人口普查时,一个青年普查员向一位80多岁的老太太询问道:"您的配偶叫什么名字?"
  老太太愣了半天,然后反问道:"什么是配偶?"
  普查员又解释道:"就是您的丈夫。"
  这时,老太太才完全明白过来。

这位普查员说话不看对象,难怪会闹笑话。

因此,**要想收到好的表达效果,就应该根据对方的身份说话,也就是说,对什么人说什么话,否则**对方会觉得特别别扭,甚至产生一点反感,那势必会影响交际效果。

在与人进行交流沟通时,我们也要学会看人说话,与不同的人说不同的话。针对不同人的身份,选择话题也要与之相符。

例如,遇到老人就要去谈他的孙子孙女,因为毕竟在他们的心目中,孙子孙女永远都是最可爱的、最值得谈论的。

再如,同样的一个玩笑,能对甲开,却不一定能对乙开。因为人的身份、性格或者当时的心情不同,对玩笑的承受能力也会有所区别。

对方性格外向,比较宽容,即使玩笑开得稍微大点,也会得到对方的谅解。对方性格内向,心眼小,开玩笑就一定要十分慎重。

虽然对方平时性格开朗，倘若恰好心情不好，就不可以随便开玩笑了；相反，虽然对方性格平时沉稳，但正好喜事临门，这个时候与他开玩笑他也不会非常介意。

有一家人的小孩子过满月，亲朋好友都纷纷前来祝贺，场面非常热闹。主人看到这种场景也感到十分高兴，就抱着孩子问来宾："这孩子长大了能干什么？"在现场，有的人说这个孩子方头大耳，一脸福相，将来一定官运亨通；有的人说这孩子十分机灵，将来肯定会发大财；也有的人说这孩子聪明伶俐，将来会是个读书的料……

这时，现场有一位饱读诗书的文化人认为大家说这些都太俗，所以他想说个独特的，从而展现自己的学识，因此就郑重其事、严肃认真地说："这孩子将来一定会变成一个老头！"

可想而知，当时的气氛因为这一句话而变得沉重起来，主人听了也不高兴。不错，这位有才情的文化人说的是大实话。虽然别人说的将来那些很可能都会成为泡影，但是在这样一个喜庆的场合，人们想要的是喜庆吉利，谁也不会计较你说的真假。而文化人不合时宜的一句话，却在不经意间使他成为现场最令人讨厌的一个人。

其实，"看人说话"才可以与之更好地交流，从而达到自己的目标。为什么会这样呢？这是因为以对方喜欢的方式与之交流，会让他感到被接受，被承认。

如果不管对方的喜恶，胡乱拉扯甚至信口开河，这往往会使对方产生不快的情绪，则双方的意见就很难达成一致。能辨别风向，才可以掌好舵，交流沟通也是同样的道理。

  人才招聘会上，一位名牌大学的高才生想应聘一家大公司的办公室秘书，可她在面试的过程中作自我介绍时，说话半天不切主题。

  她先说："经理，听说贵公司的环境非常不错。"经理听了，轻轻地点了点头。

  接着，她又说："目前，高学历的人才是越来越多了。"经理听了，一句话也没有说。

  很快，她又接着说："经理，请问秘书一般要大学毕业吗？"

  她兜了一个大圈子，还是没有说出自己的本意。可是，她不知道面试官是个急性子，他喜欢别人说话、办事干脆利落。正是由于这个原因，她这次求职彻彻底底地失败了。

虽然人人都会说话，但说得好与坏，是否恰到好处，却并不是人人都能够做到的。经过研究发现，表达同一观点，在不同的场合要求采取不同的语言形式，否则就达不到交际的目的。

  作为一名出色的演讲者，只有学会看人说话，才能把话说到对方的心里去！

第八节
尽量运用"准确"的措辞

每个人掌握的知识都不是很全面,都有欠缺,所以我们要借鉴别人成功的经验,用以弥补自身的不足。正因如此,有时候,出错在所难免。

一般来说,可以参照以下四个方面去评估别人:什么样子,做什么,说什么,怎么说。然而很多人不知道增加自己的词汇,他们习惯于使用那些已被过度使用及意义虚幻的词句,谈话缺乏明确性和特殊性。

有一天,一位陌生的游客和大家聊天,他先自我介绍一番,然后开始大谈他在故宫的游历经验。在他说话的过程中,错误词汇纷纷脱口而出。

这位游客起身时,他特地擦亮自己的皮鞋,穿上漂亮的外套,企图赢得旁人对他的尊敬。然而他并没有说出没有瑕疵的句子。在跟某位女士谈话时,假如未脱帽,他可能会感到十分惭愧,但他却不会为他用错语法,冒犯了听众而感到一丝一毫的惭愧。

即兴演讲：关键时刻不能输在表达上

他讲话时的错误词汇，等于向这个世界宣示：他不是一个有文化修养的人。

艾略特博士担任哈佛大学的校长有1/3世纪之久，他曾说过这么一句话："我认为，在一位淑女或绅士的教育中，只有一项必修的心理技能，那就是正确而优雅地使用他（她）的本国语言。"这句话的意义是十分深远的，它很值得人们进行深思一番。

人们经常会无意识地借用别人的话来表达自己的意见，这是自我扩大欲，为的是表示还有人和自己意见一致。特别是名人名言，意义重大，别具光彩，更能提高自己说话的权威性。

美国著名女作家珍妮·赫斯特曾说，她有时会把写好的句子一改再改，通常要改写50～90次。有一次，她专门统计了一下发现，竟然把一个句子改了整整106次。

美国著名作家大卫的小说里的每一个词，都是从无数词语中精心挑选出来的。每一个确定要用的词，经过修改，都能够经得起众人的推敲。他采用"淘汰"的原则，因此将整篇小说改了一遍又一遍。

但凡有成就的作家，都十分重视准确表达的重要性。演讲也同样如此，所以说，每一个热爱演讲的人更应该掌握好措辞的准确性。

第九节

灵活运用五种"肢体语言"

什么是肢体语言呢？肢体语言是通过仪表、姿态、神情、动作等发送的信息，这些信息会被输送到听众的视觉器官，再作用于他们的大脑，从而引起他们的积极反应，达到领会演讲者讲话内容的目的。

肢体语言是语言的重要组成部分，很多信息都可以通过它表达出来。 罗曼·罗兰曾说："面部表情是多少世纪培养的语言，是比从嘴里讲出来的复杂千百倍的语言。"

著名专家阿尔伯特·梅拉比安发现过这样一个公式：信息的总效果=7%的书面语+38%的音调+55%的面部表情。因此，肢体语言在与人进行交流时占有绝对重要的地位。

宋朝时，在一次朝会上，陈瑾在偶然之间发现蔡京用眼睛直直地盯着太阳，过了很长一段时间眼睛都不眨一下。

于是，陈瑾便这样对人说："蔡京以后肯定会成为当朝显贵。但是他目空一切，居然敢和太阳为敌，恐怕得意之后会独断专行，肆意妄为，从此他的内心中根本没有君主。"

过了一阵子,陈瑾做了谏官,就不断地攻击蔡京。可是,由于蔡京的面目还没暴露,人们都觉得陈瑾的做法有些过分。

但是历史证明,后来,蔡京真的像陈瑾所说的那样。只是此时大家才会想起陈瑾所说的话。

陈瑾是一个有远见的人,他对蔡京的判断只是基于蔡京一个小小的动作,就可以了解蔡京的性格。如果我们对细节性的动作稍微加以分析,同样可以轻松自如地运用它们,去识人、认心了。

前中国女足国家队主教练马良行说:"有一本书上说过人的皮肤是有饥饿感的,接触会产生语言所达不到的效果。我在训练中也是照这样做的,女孩子脸皮很薄,你一说就爱流眼泪,你批评完了再像好朋友一样拍一把肩膀对她们说句,'明白了吧,好了,赶快训练。'就这样,她立马就会全身心地投入到训练了。"

这个故事表明,有意识地运用肢体语言可以提高交流的效果。只要正确地运用肢体语言,将会给生活和工作带来很大的好处。

常用的肢体语言有以下几种。

1. 目光

人的目光是通过眼睛来表达自己的情感、反映自己的内心世界的。著名画家达·芬奇曾经说:"眼睛是心灵的窗户。"也有心理学家认为,人的视线活动占了肢体语言的70%。

有研究机构曾经做过这样一个实验:把表现演员不同情绪的目光的照片裁成只保留眼神部分的细条,然后让人分辨他们所表现的情感，结果准确率极高。这说明，人们都能够解读目光。

比如，在与下属谈心时，领导者应该把目光非常缓和地投向下属，使用亲切、自然的眼神，而不应该一遍遍闪电般地扫视对方，或者恶狠狠地直直地盯住对方的眼睛。

2. 手势

什么是手势？它是指通过手的活动传递信息的肢体语言的重要表达方式。手势变化多样，内容丰富，表现力和吸引力极强。

二战时期，英国首相丘吉尔在电视演讲结束后，轻轻地举起右手，用食指和中指构成"V"形，以象征英文"胜利"（victory）一词的开头字母，结果一下子引起全国欢呼。为什么会这样呢？因为这个手势形象地表达了英国人民战胜法西斯的决心和信心。

3. 姿势

一般情况下，姿势包括坐姿、站姿和卧姿，以坐姿最为重要。男性应该伸开腿而坐，表达的意思是自信、豁达；女性应该并腿而坐，表达的意思是庄重、矜持。

4. 面部表情

面部语言通过面部肌肉姿态的变化来表现，能够把各种感情充分地反映出来，比如痛苦、高兴、失望、畏惧、愤怒、忧虑、疑惑等。由此可见，面部表情是人的心理活动、情绪变化的晴雨表。

5. 服饰语言

穿着打扮可以显示人的职业、地位、修养、爱好及风俗等，具有信息传播的功能。它等于一幅活广告，能够表现出一种"服饰语言"。

目前，服饰语言必须符合国际上公认的 TPO 衣着原则。其中，T（Time）代表时间；P（Place）代表地方、场所、位置、职位；O（Object）则代表目的、目标、对象。

身体会说话，因此，**要想身体帮助你说好话，你就必须树立起良好的形象。**你除了要注意以上几个方面的肢体语言外，还要重视自身的素养问题。为什么会这样呢？这是因为一个没有自信、毅力、进取精神和不会尊重他人的人，是不会给人留下一个好印象的。

第十节
学会六招互动，让听众变成你的合作者

演讲时，演讲者倘若能够让听众参与，同自己形成互动的局面，效果一定不错。那么到底应该怎样做呢？

1.抛出话题，引发议论

有句话是这样说的："只要诱饵合适，再难上钩的鱼也会上钩。"比如，一个出色的演讲者在讲述部门经理管理团队的话题时，可以事先抛出一个话题："部门主管可不可以与下属交朋友呢？"

这个话题可以引发大家的思考，这时，一个出色的演讲者可以顺其自然地引出部门主管与下属相处的原则和注意事项等话题，

比如如何处理工作关系、私人情感等,相信这样做能够取得好的效果。

2. 循循善诱,赞扬加提问

有心理学机构研究表明,被认可和赞扬是人类精神需求的重要基础,人们只要听到赞美的话,都会感到愉悦,产生交流的冲动。因此,当我们进行即兴演讲的时候,可以使用赞扬加提问的方法。

3. 共做游戏,激发兴趣

在演讲中与听众一起做游戏,形成了互动,这样做既激活了听众的好奇心,并且增强了他们的参与意识,还集中了他们的注意力。由于互动与演讲主题相互辉映,从而会使演讲产生一个良好的效果。

但是这种模仿式互动的动作千万不要太复杂,以免听众"学走样";而动作幅度也不宜太大,如果太大,会一下子引起全场的混乱,导致"烂摊子"收不了。

4. 倾听回答,不要打断

与听众互动时,听众一旦说话,一个出色的演讲者就不要轻易打断对方的讲话。如果听众的语言表达能力欠缺,他希望能够尽量快点结束问答时,一个出色的演讲者打断他的话就类似于"救助"行为,会导致互动氛围立刻减弱。

那么正确的做法是什么呢?**听众在表达观点时,我们可以积极地反馈对方**,用肢体语言进行鼓励和认可,注视对方的眼睛,展示对方感兴趣的表情,如赞许式点头、赞扬式微笑等。

当对方表达结束后,我们完全可以进行认可和表扬,如"你的回答很正确、很有价值"。由此可见，积极的反馈可以很好地鼓舞听众。

5. 用动作手势制造悬念

一位演讲者讲到中途时，台下噪声四起，特别是女性，还交头接耳、窃窃私语。此时，演讲者眉头一皱，计上心来。

这个时候，他立马停止演讲，高高竖起左手大拇指说："在场的男士们，你们就像大拇指——好样的！"男性们听了，纷纷都叫"好"。

他又伸出小拇指，大声说："在场的女士们，你们就像小拇指……"女性们沸腾了，高声抗议。

演讲者接着说："女士们像小拇指，伶俐、聪明、小巧、苗条、秀美！"女性们听了，立马转怒为喜，报以热烈的掌声。

接着，他又翘起大拇指说："男性们像大拇指，健壮有力、坚定稳重，一夫当关，万夫莫开！"男性们听了，又欢呼雀跃了。

他同时伸出大、小拇指说："大拇指和小拇指，你们都是好样的！"又伸出五根指头说："中间的指头，像老人和孩子，居于中心位置，成为保护对象。正是这五根指头团结一致、协调配合，产生无穷的力量，因此才创造了整个世界！"

听到这里的时候，大家都热烈地鼓掌了。

他又高高竖起大、小拇指问："有哪一位女士愿意做大拇指，哪位男士想当小拇指？"台下鸦雀无声。

演讲者才又开始继续演讲。

这位演讲者善于随机应变、临场发挥，运用手势和动作制造悬念。由此可见，他是一位调动听众情绪、驾驭演讲场面的演讲高手。但是激发听众情绪性的互动，也要十分注意分寸。比如，有位著名节目主持人在上海演讲时说上海人爱打麻将，结果激起大家的不满情绪，结果反而弄巧成拙。

6. 先讲故事，提出问题

有位演讲者一上场，就跟大家讲故事：

有一位富商将要远游，临行前分别给了三个仆人同样数量的本钱，要求一年后归还。第一个仆人用它做生意，结果血本无归；第二个仆人也做生意，赚了数倍的钱；第三个仆人把钱藏了起来。

一年之后，富商回到家中，给第一个仆人又补足相同数量的钱，吩咐他以后经商要精明一些；对第二个仆人则大加赞赏，奖励给了他更多的钱，让他去扩大生意；而骂了第三个仆人懒惰之后，并且立即收回了他的本钱。

故事讲完后，演讲者向众人提问道："你们觉得这位富商这样做公平吗？"

这个时候，台下听众莫衷一是。

此时此刻，演讲者又说："我先不评论富商是否公平，最后来下结论。假如我的观点不当，欢迎唱反调；哪句话不当，也可以和我唱对台戏！"

大家听了，都齐声说"好"。

演讲者乘机亮出论题《公平竞争，优胜劣汰》，紧接着侃侃而谈。他还在演讲中途提问，让听众答"是"或"不是"，大家遥相呼应，都听得极其认真。演讲结束时，他才肯定了故事这位富商做法的高明之处。

大家听了，发出雷鸣般的掌声。

这位演讲者很高明，不但让听众认真听完了演讲，还接受了他的观点。但是呼应式互动要学会见好就收，并且乘机引入正题，而需要注意的一点是千万不要让听众一直讨论，甚至没完没了，如果是那样，就难以驾驭场面了。

第十一节
需要倾注热情的七种技巧

相关专家发现，在成功完成交易的销售案例中，热情占的分量为95%，而产品只占5%。因此，当你倾注热情时，会不知不觉地感染别人。

小林是一个非常优秀的笔记本电脑推销员。有一天，一位顾客来店里挑选笔记本电脑，可是半天也没有选中一款。正当她准备离开时，小林走了过去，极其热情地说："小姐，您好，我是这里的销售员，您是不是还没有挑选到最满意的笔记本电脑？我可以帮助您。这附近的店我都非常熟悉，我能够陪您一起去，还能够帮您砍砍价。"

顾客听了，连忙说行，于是小林就带她到了别的店。但她把所有的笔记本电脑店都看了一遍，还是没有挑选到最满意的笔记本电脑。最后，她对小林说："我还是从你们店里买好了。说实话，我决定买你们的笔记本电脑不是因为比其他店里的好，而是因为你的真诚深深地感动了我。我见过很多销售员，从来没有一个像你这样热情的。"

后来，那位顾客又从小林店里买了好几台笔记本电脑，而且还介绍了很多客户给他。

与人交往的时候，要始终保持热情。这是因为**热情能够感化他人，会缩短双方的感情距离，从而创造出良好的交流环境**。

在与人接触时，如果沉着一张"苦瓜脸"，或瞪着一双"丹凤眼"，说话冷冰冰，表现得爱答不理，别人又怎么可能会喜欢你，又怎么有兴趣听你继续讲下去呢？

在缺乏热情的卖场里，销售员总找不到话题，因此内心里总感觉有点不好意思；而在充满热情的卖场里，销售员说的话能热到人的内心深处去。那么面对这两种情况，顾客肯定会非常乐意买后者的东西。

王府井百货大楼的销售员张秉贵就是一个善于热情接待顾客的典型人物。他被大家称为"一团火"，就是因为他对顾客十分热情，他说的话常常能够让人感受到无比温暖。

即兴演讲：关键时刻不能输在表达上

有一次，商店里人不多，一位女顾客气呼呼地来到糖果柜台前，张秉贵看到了，连忙笑着说："女士，请问您想买点什么糖？"

"不买，难道不可以看看吗？"说完，女顾客从中间柜台向西头柜台走了。

张秉贵也随着她向西头柜台走去，边走边想：这位顾客一定是遇到了一些不顺心的事，越是这样，我越是要热情地接待她。

张秉贵一边走，一边温和地说："最近从北京来了几种新糖果，味道还不错，您想看看吗？我可以给您介绍一下……"

女顾客被张秉贵的热情感动了，她十分抱歉地说："刚才我朝您发火，您千万别见怪。我家孩子不吃饭就去游泳，气得我真想揍他。您看看，刚进大楼那阵，我的气还没消呢！"

"您教育孩子是应该的，可是一定要注意方法，千万不能打孩子。"

女顾客十分感动地说："您的服务态度真的很好，我无缘无故地朝您发火，您还这样耐心地做我的思想工作……"

从此之后，这位女顾客每次来百货大楼，都要到糖果柜台前看望张秉贵。

还有一次，一位工人模样的同志到百货大楼糕点柜买东西，因为他刚喝了点酒，情绪不稳定，一言不合就和一位售货员争吵了起来。他带着怒气，又来到对面的糖果柜。这时，满面笑容的张秉贵立马迎了过来，十分主动地和他打招呼。

这位顾客怒气未消，他一口气让张秉贵称了三种糖果，而且每种都只要一两。张秉贵非常麻利地给他称了糖，包装好后，又告诉他哪种好吃。他被深深地感动了，脸上露出一丝歉意。

后来，他常常来这家店里买糖。他说："我来看张师傅，是因为他对顾客实在是太好了。在他那儿买东西，心里总觉得非常舒坦、非常高兴，回到家里也总是忘不了。"

张秉贵心中装着"一团火"，他用这团火温暖着别人，同时也不自觉地照亮了别人。

有人曾提出这样的口号："没有热情就没有销售。"这说明，热情可以赢得顾客的好感和认可。可见，热情对于销售的作用是何等的重要！

一般而言，比较热情的人总是说话好听、乐于助人，这样的人你是否愿意和他打交道呢？

同样，演讲者一定要充满热情，只有这样才能打动对方。那么怎样才能做到讲话充满热情呢？

1. 热情讲话，不让人感觉和你有代沟

在与人交流沟通时，你完全可以将自己的热情表现出来，引导对方谈论他最感兴趣的事，这样你们的交流就会如同呼吸一样自然。

2. 对你的产品要充满热情

热情是有感染力的，试想一下，你对自己的产品充满热情，提

到时就会自然而然地产生一种自豪感，这样怎么不会使对方受到感染呢？相反，对方没有任何理由去购买连销售员自己都不感兴趣的产品的。

3. 让你的脸学会放松

一般情况下，灿烂的笑容可以让人感到十分轻松，而且能够为你增加一点印象分，从而缓解异常紧张的气氛。因此，要尽可能地丰富你的面部表情，即使你是老板，也不要总是"板"着脸。

4. 让你的声音充满热情

说话语调应该抑扬顿挫、充满热情，即使是在与人打电话的时候，也要让对方从听筒中感觉到你的微笑与自豪。

5. 热情要因人而异

由于讲话对象是有差别的，因此，你要先学会"相面"，了解对方的性格。有人喜欢和热情的人打交道，可是有人则正好相反，热情也要因人而异。

6. 配合对方的磁场

在与人进行交流沟通时，你要随时调整自己说话的音量、速度以及情绪，让对方觉得你和他的磁场吻合了，交流就会变得顺畅起来了。

7. 让眼神帮你传递热情

一个人一直和演讲者保持眼神的交流、目光的接触，表明他对这个话题很感兴趣，也说明演讲者十分热情。那么倘若你热情万丈，对方是不是一定会被感动呢？不一定，有时候反而会被吓坏。

第四章

让即兴演讲成为一种享受

现实生活中，很多人常常为发表公众讲话而头疼不已，有人甚至还会想尽一切办法逃避。其实，即兴演讲是一种莫大的享受。那么究竟应该怎样去享受即兴演讲呢？

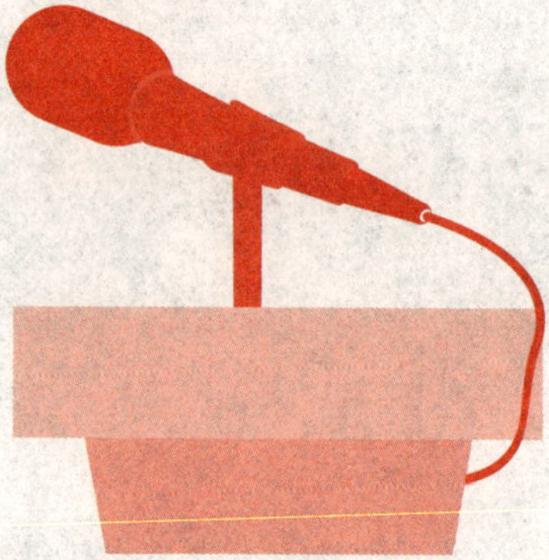

第一节
学会说"不"的七种技巧

人生一世，需要不断地说服他人，以寻求合作。换句话说，人生是一个不断被别人拒绝和拒绝别人的过程。

与进行交流沟通时，想直截了当地拒绝别人，往往很难说出口，但是有时又不得不拒绝对方，这就要求我们必须掌握拒绝别人的技巧。

合适的讲话方式才会让自己立足社会，一个优秀的演讲者应该掌握好"度"，既要不怕遭到别人的拒绝，也要学会巧妙地说"不"。只有这样，你才能够过平静的生活。

倘若你一味地迎合别人，不忍心拒绝他们，那么你会让自己活得很累，也会变得懦弱。

那么该如何做才能恰当地拒绝别人呢？

1. 幽默

在与人进行交流沟通时，幽默的功能往往妙不可言，因为它能够活跃气氛，缓解矛盾。倘若一个出色的演讲者能够幽默、含蓄地拒绝别人的要求，这既可以免得让对方尴尬，又可以显示自己的睿智、大度。

2. 另做选择

在不能满足对方要求的情况下,一个出色的演讲者可以和对方商量一下,建议他更换其他方案,以此来拒绝他的各种要求。

3. 沉默

什么是沉默?沉默就是在面对难题的时候,暂时一言不发。当遇到的问题比较棘手,甚至是别人挑衅、侮辱你时,你不妨采取"以静制动,静观其变"的方法。

这种方法会产生一种心理威慑力,令对方在不经意间不得不屈服。然而虽然它的效果明显,如果运用不当,就会大大地伤害对方的自尊。总而言之,一个出色的演讲者可以"顾左右而言他",以此来拒绝别人。

4. 寻求谅解

倘若能在拒绝对方的同时能够获得他的理解,那是最好不过了。但是在拒绝对方时,你应该抱着一种诚恳的态度,说出拒绝的充分理由,同时还要尽量让他理解自己,不伤害彼此之间的友情。

比如,你向朋友借了一台摄像机,有个同学看着这台摄像机很好,非要借用,可你却无权转借,那么在此时你就该寻求理解。你可以这样说:"不是我不够意思,是当时人家说不让我转借,我答应了人家才借来的。当然我们是非常要好的朋友,但是你可不能让我太为难啊!"

5. 婉辞推托

在生活中,有些要求应该断然拒绝;而有些要求则应该婉辞推托。特别当自己无权做决定时,更应该留有一定的余地。运用这种方法的时候一定要注意分寸，否定、保留、同情都要让对方感到心悦诚服。

6. 避实就虚

对某些违背原则的要求，一定要用"不"来拒绝。然而在特殊场合，严词拒绝对方的话，会使自己陷入尴尬的氛围。因此，这个时候你最好的做法就是避实就虚地拒绝。

7. 直接拒绝

一般情况下，直接拒绝别人，不但要讲明原因，还要向对方表达歉意，以示自己的通情达理。然而拒绝时不可以态度生硬、说话难听、不屑一顾，否则这是非常不理智的。

比如，一位著名企业家在商务来往中送了你现金，按部门规定，你不能接收，但是这个时候也不能质问对方"用心何在"。面对这种情景，你不妨婉转地拒绝："小姐，非常感谢您的好意！但我们部门规定，在商务活动中不可以接收他人赠送的礼金。希望你能够理解！"

第二节

掌握开玩笑分寸的五种方法

做任何事都要有分寸，开玩笑也要掌握分寸。倘若过度了，效果往往就会适得其反。因此，我们开玩笑时不仅要掌握分寸，还要因时、因地和因人。

懂得幽默的人都非常清楚地知道，玩笑要有趣，完全得看你是如何表达的。倘若你想成为一个幽默的人，应该非常努力地培养你的幽默感。然而开玩笑一定要掌握分寸，否则不仅达不到效果，还可能会在不知不觉间引起对方的反感。

春秋时期，齐顷公即位，晋国大夫郤克、鲁国大夫季孙行父、卫国大夫孙良夫和曹国公子首，他们四人各奉本国君主之命到齐国祝贺，巧的是郤克只有一只眼睛，季孙行父头上没有头发，孙良夫两脚高低不平，公子首弯腰驼背。齐顷公见到他们之后感到十分可笑，就想跟他们开个玩笑。

第二天，齐顷公精心地挑选了独眼的、秃头的、瘸腿的、驼背的各一人为四国大夫驾车。郤克便让独眼车夫为其驾车，季孙行父让秃头的车夫为其驾车，孙良夫让瘸腿车夫为其驾车，公子首让驼背车夫为其驾车。四国外交使节的车辆走过观礼台，结果惹得齐国百姓和文武百官放声大笑。

四国使者看到这种情形，勃然大怒："我们心怀好意来建立外交关系，反而被人如此侮辱，此仇不报非君子。"于是，四国使者歃血结盟，回国之后立即兴兵讨伐齐国。从此，晋、鲁、卫、曹四国与齐国之间因一场玩笑而十几年战争不断。

在与人交往中，以善意、友好的戏谑形式表现出来的玩笑可以让大家开怀一笑，从而活跃严肃的气氛，并且拉近人们彼此之间的距离。但是开玩笑倘若越过了应掌握的尺度，失了分寸，则往往弄巧成拙，反而影响双方之间的感情。在这个故事中，齐顷公开玩笑不顾分寸和对方的尊严，竟然突发奇想地把四位使者的身体缺陷作为玩笑取材，使他们当众出丑，结果惹得四国使者"勃然大怒"，招来四国与齐国十几年战争。由此可见，掌握开玩笑的分寸在人际交往中是极其重要的。

如果希望幽默取得好效果，一定要把握好场合和时机。语言非常微妙，同样的话在不同的场合、时机说，自然会收到截然不同的效果。

其实，幽默也是这样的。

在现实生活中，好朋友之间开玩笑相互取乐，是亲密无间的表现，也是一件快事。可是，朋友之间由于开玩笑而伤害彼此的感情，并且不欢而散的事也是有很多的。善意的玩笑确实能够让气氛变得轻松愉快，但一定要掌握分寸。

在开玩笑之前，一定先要看对方能否承受得起。

一般情况下，人分三类：第一类人狡黠聪明；第二类人敦厚诚实；第三类人介于前两类之间。

对第一类人开玩笑，他们不会让你占便宜，结果只会是不相上下；第二类人喜欢和大家开玩笑，不管你怎样取笑他，他都不会气愤生气；对于第三类人，一定要小心翼翼，这类人也喜欢和别人说笑，但一旦被取笑，就会表现出恼羞成怒的样子。

因此，开玩笑前一定要对对方有所了解。

此外，开玩笑要适可而止。一般情况下，一两句玩笑，说过便罢，大部分人是可以接受的。然而如果你对一个人不停地开玩笑，他肯定是无法忍受的。因此，开玩笑不能让别人太难堪，否则就会失去意义。

不要拿别人的失败开玩笑。比如，你笑你的亲戚做生意上当了、亏本了，笑你的同学考试不及格，笑你的同伴走路时跌落了前门牙……这些本来都是应该报以同情的，可是你却不假思索地拿来开玩笑，不仅会使对方难以下台，还会让别人觉得你残酷无情。

同样，不可拿别人的生理缺陷来开玩笑，如耳聋、眼盲、驼背等。面对一个人的不幸，你应该怜悯他，而不是无情地取笑他。很明显，故意拿别人的生理缺陷开玩笑的人，一定是一个无情的人。

不要让开玩笑成为习惯，倘若你一味地只知开玩笑，只能表示你的浅薄。

智慧型幽默会使人身心愉悦，也会发人深省，是最上乘的讲话方式。如果你能够轻松地运用它，一定可以赢得很多人的信赖。

与人交流沟通时，开玩笑可以活跃气氛，创造一个轻松愉快的氛围，因而能够受到人们的欢迎。需要注意的一点是，玩笑开得不好，则会适得其反。

那么如何才能够掌握开玩笑的分寸呢？

1. 态度友善

与人为善是开玩笑的一个原则。其实，开玩笑是一种善意的表现，是相互交流感情的过程。如果借着开玩笑对别人冷嘲热讽，发泄内心的厌恶与不满，甚至寻开心，对方会自然而然地认为你不尊重他，因而不愿再与你进行进一步的交往。

2. 内容高雅

运用幽默有技巧，要求语言文雅，笑料则取决于开玩笑者的思想情趣与文化修养。玩笑内容健康、格调高雅，可以给人以启迪和精神享受，也可以塑造自己的形象。

如果玩笑尽是污言秽语，对对方是一种侮辱，是一种不尊重，同时也说明自己情趣低俗。

3. 分清场合

开玩笑一定要看场合。一般来说，在严肃的场合，尽量不要随意地开玩笑；而在喜庆场合，则要注意开玩笑能否增添喜悦，否则就会使人感到非常扫兴。

总之，在正式场合（如工作场所）不适合开玩笑，否则容易引起对方的误会，甚至导致某些事故的发生。

4. 区别对象

对方性格外向，可以适当地开开玩笑。对方性格内向，开玩笑就一定要慎重。除此之外，对方生性开朗，但刚刚碰上了伤心事，那么在此时千万不要与之开玩笑。相反，对方生性腼腆，但正好喜事临门，这个时候可以适当地开开玩笑。

5. 避开忌讳

和长辈或晚辈开玩笑也要讲究分寸。这个时候，不能轻佻放肆，更不能妄谈男女之事。四世同堂的时候，玩笑要高雅、机智，也要忌讳男女之事。同辈人开玩笑，特别有异性在场的时候，也要忌讳男女之事。

和异性单独相处的时候，千万不要开玩笑——哪怕是正经的玩笑，也会在不经意间引起对方的反感，或者别人的非议。

和残疾人进行交流的时候，一定要避讳开玩笑，以免伤害他们的自尊。人人都怕别人拿自己的短处开玩笑，残疾人尤其如此。有句话是这么说的："不要当着和尚骂秃头，癞子面前不谈灯泡。"

总而言之，玩笑能够让生活更加多彩多姿，然而也一定要掌握"度"，一定懂得适可而止。

第三节
让你的演讲言之有物的三种新知识吸收法

说话要言之有物，倘若华而不实或索然无味，则不值得品味，再美的语言都会显得苍白无力。**语言和话题都需要与时俱进，才能够让人感到新鲜，否则话题单一、枯燥、落伍，就会使人厌倦。**

李林月是一家著名企业的销售经理，每年都能为企业创造不菲的利润。她之所以能够拥有如此优秀的销售业绩，除了她具有出众的业务能力外，还主要是因为她有很多朋友。然而这一切都得益于她用丰富的知识武装了自己的口才。

有一次，李林月去一家公司谈业务，双方谈得十分满意，然而在签合同时，客户有些犹豫地说："李经理，你看我们谈得十分投缘，一定会合作得非常愉快，那么合同能不能不签啊？"

李林月听了，非常不解地问："为什么呢？"

接着，客户笑着说："咱们合作就是了，李经理是不是信不过我啊？"

李林月一听，知道对方想钻空子。于是，她也笑了笑，说："签合同就是信不过啊？您这话说得似乎有些偏激。正因为我们彼此信任，所以我们才会签合同，否则，还谈什么合作呢？您说是吧！"

客户听了，连忙说："李经理真是牙尖嘴利，我签就是了。"

签订合同后，对方邀请李林月去吃饭，以示庆祝。此时，李林月与对方侃侃而谈，很快他们就成了很要好的朋友。

很快就上菜了，服务员端来一盘松鼠鳜鱼，李林月一看，问："你知道这个菜为什么叫松鼠鳜鱼吗？"

"为什么啊？"对方听了，连忙摇摇头。

李林月笑着说："这道菜可是大有来头，与乾隆皇帝有着很大的关系。据说，当年乾隆皇帝在扬州游玩时，不知不觉来到了松鹤楼，点名要吃神台上祭祀的元宝鱼，饭店的厨师为了回避杀神鱼的罪过，便将鱼做成松鼠的形状，又因为是鳜鱼，因此被称作'松鼠鳜鱼'。"

对方听了，非常惊讶地说："李经理可真是博学多识啊，对菜肴都这么有研究，真是个行家啊！跟李经理打交道，可真是让人受益匪浅。你这个朋友我交定了。"说完，他便举起酒杯向她敬酒。

通过这个故事我们应该明白一个道理，我们也要经常给自己充电，加强自己的文化底蕴，让自己变得更有修养。**好口才也一样，不能只凭伶牙俐齿逞口舌之能，而必须有丰富的知识作基础，才能妙语如珠。**

口才的好坏不仅与技巧有关，更与知识有关，要有充足的"谈资"才会谈吐优雅。然而和各种职业的人都可以侃侃而谈，绝对不是一件容易的事，很多人常常因为相关知识的欠缺而导致交流沟通失败。如果你想要改变这种局面，那么就要学会充实自己的谈资。

知识纷繁复杂，积累的过程要厚积而薄发。有了深厚的知识，讲起话来就会底气十足。有的人说话很有水平，这究竟是为什么呢？究其原因，就在于知识积累丰厚。如果你想成为一个演讲高手，就必须不断增长自己的知识。

那么应该掌握哪方面知识呢？

1. 掌握一定的处世方法

与别人进行交往的时候，就得参加社会活动，处理人情世故。如果不懂为人处世之道，那么是很难在社会上立足的。如果你想达到交流的目的，那么就要懂得应酬。如果不懂应酬，那么在与人交往时往往收效甚微。

处世一般都是日常应酬，诸如寒暄、访友、待客、赴宴、送礼、求职、探病、致歉等。这些事都有一套成文或不成文的说法或做法，它们不需要你特意地去学习、钻研，在平时就可耳濡目染。

2. 掌握一定的世态人情

在社会生活中，各方面的习俗典故、风土人情、经验教训等，都可叫世事。"世事洞明皆学问，人情练达即文章。"一个人要想丰富自己，就要多了解世事。可以这样说，一个不谙世事的人是很难能够做到侃侃而谈的。

一般而言，世事出自实践。不过，有些时候人们没有实践的机会。比如，来到异国他乡，这时就应该想方设法地做到入乡随俗，否则只会自讨苦吃。

有一次，李鸿章出访美国，在一家小饭店宴请美方人士。开席前，他按中国人的惯例讲了一番客套话："这家小店条件比较差，没有什么可口的东西招待各位，粗茶淡饭，谨表寸心。"

但是这家饭店老板听了这番话后却火冒三丈，认为李鸿章诋毁了饭店的声誉，而且要他对此进行公开赔礼道歉。

由此可见，李鸿章的这番话在中国原本无可厚非，却不符合美国人的习俗，因此会引起饭店老板的不满。

3. 要掌握一定的文化知识

知识能够陶冶人的情操，开阔人的视野，提高人的修养。因此，生活中要注意掌握一定的诸如天文、地理、历史、文学、哲学、经济、法律等文化知识。然而掌握这些知识要通过孜孜不倦的学习才能够获得的。不断地学习新知识，即兴演讲的时候便会有话可说。

如果才疏学浅、孤陋寡闻，那么在与人交流时就会出丑、闹笑话。

明万历五年（公元1577年），内阁首辅张居正为了儿子张嗣修能状元及第，派他的弟弟张居直约见了极有可能获一甲第一名的临川考生汤显祖，而且非常霸道地要他把第一名让出来。

张居直说："像才子仙乡是产笔名地，因此王勃在《滕王阁序》里写有'光照临川之笔'的佳句。汤才子如果带了几支来京，可否让我一饱眼福？"

汤显祖听了这话后，笑着说："我知道，王勃所指正是谢灵运的诗文，因为他曾经是临川内史。"

闹出了这样一个大笑话，张居直一下子闹了个大红脸。

如果一个人想要拥有即兴演讲的能力，那么就要不断地充实新知识。知识渊博了，才会有丰富的谈资。

第四节

让故事有趣的七种武器

讲故事，本身就非常有趣，但是倘若讲述的人不同，听者的感受也可能会不同。因此，讲故事也是一个人沟通能力的体现。故事讲得是否动听，是听众买不买账的主要原因。在讲话中运用讲故事的方法，可以增加吸引力，使人听得进、信得过、记得住。

芳美的家在农村，是一座不大的四合院。然而最近邻居家

第四章 让即兴演讲成为一种享受

要盖房子,占用了原本属于芳美家的一点空地。

为此,芳美的丈夫林志强忍无可忍,他找了一些青壮年朋友,准备用武力解决问题。

对方也聚集了一群人,双方顿时剑拔弩张。

这一天,林志强拿着棍棒前去拼命,芳美连忙大吼:"林志强,你给我站住!"

此时,林志强正在火头上,见此情形,大声喊道:"男人之间的事,女人最好不要掺和。"

芳美三步并作两步,急忙走上前去,狠狠地拉住了林志强,从容地说:"不就是点地皮吗,咱们也没有用,占了就占了呗,值得你为此拼命吗?"

林志强听了,气愤地说:"这不是地皮的问题,而是脸面的事,要是我就这么白白地让给他了,以后我在这个村子又将怎么立足呢?好歹我也是顶天立地的男子汉。"

芳美说:"你的脸面就那么重要吗?你是顶天立地的男子汉?我看你才不是呢,真是没有一点男人的肚量。"

丈夫气呼呼地站在那里,很显然,他的内心并不服气。

芳美看到此种情形,她温和地说:"我给你讲个故事吧!"

林志强说:"都啥时候了,你还给我讲故事,等我把这事解决了,再听你讲吧。"说着,就要往外走。

芳美吼道:"林志强,你给我站住!"

"你知道吗?据说,清朝时候有个大官十分清廉。一次,他老家的邻居扩建宅子,因占了他家三尺宅基地发生了争执。

双方都不依不饶、不肯相让，在交涉无果的情况下，这位大官的家人给他写了信，希望他能够出面解决。"

可是，他给家人的回信中写道："'千里来书只为墙，让他三尺又何妨？万里长城今犹在，不见当年秦始皇。'他的家人看了信后，决定不再追究。邻居知道这件事情后，也主动让出了三尺，两家重归于好。"

林志强听了，连忙说："人家是大官，我是小老百姓，怎么能够跟人家比呢？"

芳美继续说道："他是大官不假，但同样是个男人，为什么他能够做到的事，你却做不到呢？是他的面子大，还是你的面子大？"

林志强听后，不再言语了。随后，他很快地解散了打算闹事的人。邻居得知后，也解散了聚集起来准备械斗的人。

很快，对方拆了强占的空地，两家和好如初。

芳美通过援引历史典故来讲故事，将人与人和睦相处的道理简单明了地说了出来，显得有深度和厚度，又有风度。

可见，讲话时我们不妨把着眼点放深一些，把结束点放浅一些，这可以使你的话既有深度和厚度，又有风度，让别人折服。

那么怎样才能够深入浅出地说话呢？

人有情绪、有情感，当道理讲不清时，不妨将道理具体化，让人更加深刻地去体会。比如，道理复杂或者乏味时，可以将其蕴含到事实当中讲出来，让其变得更形象、更具体。

很多寓言故事就运用了这种方法，比如"乌鸦喝水""螳螂捕蝉，黄雀在后"等，都把复杂的问题融入最常见、最有意思的故事中，让人马上明白了什么才是最明智的选择，这比争辩更能达到自己的目的。

那么讲故事时要注意什么问题呢？

1. 要素

不管讲什么故事都应该包括何时、何地、何人、何事、何故。因此，只有这样才算表达清楚。

何时是什么？何时是警示性话语，要开门见山，引起听众注意；何地是什么？何地是指场景，交代清楚能够突出主题；何人是什么？何人是只要有名有姓，才会显得真实，也方便听众厘清思路；何事是什么？何事要注意具体化、细节化；何故是什么？何故相对不太重要，但是对于听众来说是心理的释放。

其中，最重要的是对何事的讲解，即重现场景。它的一个技巧就是表达具体化，描述细节化，只有这样，听众才能够更迅速地进入故事，建立心理互动，一个出色的演讲者才能在讲话中实现最佳效果。

特定的细节，需要听众能充分地理解。例如，故事里涉及计算机，可以说联想；涉及手机时，可以说 oppo。再如，故事发生在一家快餐店，记得指出地点，如麦当劳等，因为这可以给听众更多想象的基础，更容易使他们投入到故事中。

故事越真实、越特定化，听众就越能够理解它的具体内容，也越容易与即兴演讲者保持节奏的一致。

2. 多用生活中的真实案例

倘若是你亲身经历过的生活，你讲起来就会绘声绘色。同时，对方也很难窃取你的故事，因为所有的细节都与你密切相关。

3. 千万不要拘泥于原故事

在不同的时间段讲同一个故事时，应该有所变化。这个时候你完全可以增加或压缩细节，改变故事的长度。而且，每次进行演讲时你真的没必要逐字逐句地讲。

4. 尽量使用描述性语言，慎用解释性语言

比如，描述天气时，与其这样说"那天由于天气太热，所以我穿得比较少"，不如这样说"那天由于天气太热，我只穿了条短裤"。与其这样说"因为台子有9米高，因此我站在上面直发抖"，不如这样说"我站在9米高的台子上，双腿发抖"。这样容易做到前后有序、一致和连贯。

5. 用情感去演绎

故事情节可以引发感情冲突，所以讲故事的时候一定要用"情"去讲。这就是为什么悲壮的故事更容易打动听众一个重要的原因。

6. 制造悬念

故事是靠情节取胜的，这就离不开包袱、悬念和矛盾。冲突越激烈，效果就越好。因此，讲故事要抖包袱、留悬念、造矛盾，从而吊起对方的胃口。

7. 牢记根本目的

比如，即兴演讲不是为了单纯地讲故事，但却能够通过故事来陈述观点。只有让故事与演讲主题保持一致，故事才不会白讲。因

此，讲故事不是根本目的。

第五节
冷场后，自我解嘲要牢记的三大原则

在生活中，我们每个人都会遇到尴尬的处境，倘若不知怎么应对，就会很容易地陷入窘境。相反，遭遇尴尬，倘若采取适当地自嘲，不但能安慰自己，还能使别人对自己耳目一新，甚至刮目相看。

当别人嘲笑你时，你若怒不可遏，他就会更加嘲笑你。遇到这种情景，最好的应对方法是自嘲，这样别人反而会认为你很幽默、乐观。当然，自嘲不同于自轻自贱，要掌握并运用好它，就要对自己充满自信心。因为一个自信的人才可以经受住别人的嘲弄。

自嘲是一种人生态度，带有强烈的个性化色彩。作为一门生活的艺术，自嘲具有干预生活和调整自我的功能，不但可以给人增添快乐，还可以帮人更清楚地认识自己，从而获得精神上的满足。

然而我们每个人都有优点和缺点，不要拿自己的缺点跟别人的优点比，那会使你忐忑不安。与其让别人嘲笑自己，那么不如干脆坦率地进行"自嘲"好了，这样既可以满足别人的好奇心，又可以在不知不觉间提升自己的魅力。

著名散文家林清玄称得上是一位高产作家，他平均每年都能够出版两三本以上的书。他的散文中处处充满着禅机,令读者回味无穷。鲜为人知的是生活中的林清玄却是一个十分幽默风趣的人,尤其是在各高校演讲时,更是妙语连珠,常常惹得众人捧腹大笑。

林清玄虽然文笔十分优美,但是他的外观形象实在算不上"优美"。

记得有一次,林清玄做客狮子山,为四川师范大学的学子们作题为"人生一定要精彩"的演讲,一开始林清玄就说:"儿子小时候写作文,题目叫'我的理想',他是这样写的:'我想做科学家、想做医生、想做教师、想做水手、想做企业家,想做的职业太多,但是一时还不能确定,不过,唯一可以确定的是,我将来一定不会当作家。'我十分好奇地问他:'为什么?作家不是挺好的吗?'他的回答却令我大跌眼镜,他是这样回答的:'我才不当作家呢,我要保护我的头发……'"讲完这个故事,林清玄举起手,摸了摸自己光秃秃的头顶。顿时,台下的听众们被这位勇于自嘲的散文大师逗得前仰后合。

林清玄用调侃的方式、出众的口才和宽容的胸怀在不经意间巧妙化解了尴尬,打动了在场所有听众的心,给人留下了一个好印象。就这样,他最终赢得了听众的佩服和尊重。

一次,美国总统里根在白宫钢琴演奏会上发表讲话的时候,他的夫人南希不小心连人带椅一同跌落在台下的地毯上,看到这种情形观众纷纷都发出尖叫声。

在大家的注目下,南希急忙灵活地爬起来,回到了座位上。正在讲话的里根见夫人没有受伤,便俏皮地说:"亲爱的,我曾经告诉过你,只有在我没有获得大家掌声的时候,你才可以这样表演。"

这个时候,会场响起了一阵热烈的掌声。

里根利用卓越的智慧和胆识,非常机智而又幽默地化解了南希和自己的尴尬处境,从而维护了双方的形象,与此同时又大大地活跃了会场气氛,给演奏会添了一个小小的插曲。

由此可见,当一个人处境尴尬时,有时可以用幽默来化解。在交际中,人们难免会碰到尴尬事,如何处理这种窘境对人们是一种考验,它能折射出一个人应急处世的能力,表现出他的内在气质。

此外,每个人都会犯错,揭人短或被人揭短都不免尴尬,下不了台。所以我们也要学会包容。

当然,运用"自嘲"时还需要注意以下原则。

1. 审时度势

自嘲也有局限性,它不过是一种辅助性表达手段,不适合滥用。比如,答辩会、座谈会等严肃场合,讨论问题就要直抒胸臆。不看场合、时机,随意进行自嘲,恰恰相反只会弄巧成拙。

2. 避免玩世不恭

一般情况下,积极的自嘲包含着强烈的自尊、自爱和责任感。而玩世不恭的自嘲则是对世事的冷漠、讥讽和不负责任。如果自嘲出于这种态度,那么对与人交往沟通有百害而无一利。

3. 适可而止

自嘲具有刺激作用,有时其实也"嘲人",运用它时一定要采取慎重的态度。一般情况下,可以点到为止,让人意会即可,而

即兴演讲：关键时刻不能输在表达上

千万不要一味地放纵。如果过分自嘲，那么很可能导致交际危机。总而言之，如果运用自嘲指桑骂槐、含沙射影，那么后果将会是不堪设想的。

第六节
给听众留下好印象的五种结尾方法

开头和结尾最能显示演讲者的水平，也是演讲中最具战略性的环节。一个演讲者有无经验，是否老练，是否敏捷，往往看其演讲的开头和结尾就行了。

通过观察演员的上场、下场的神气，观众就能够知道他的演技好坏。演讲也是这样。结尾尤其重要，这是为什么呢？因为：其一，结尾很难说得巧妙；其二，结语打通的是整场演说的结构，能抓住整场演讲的主旨和关键。

演讲者最后说的话，将被听众保持最长久的记忆。所谓"余音绕梁"，结尾因此一定要是精心设计的。

那么我们究竟应该如何做呢？

一般来说，演讲的结尾有以下几种方式。

1. 以赞扬作结

演说的结尾，可以用热情洋溢的话称颂听众，畅想未来。例如：

美国钢铁大王的助手在演讲时是这么说的:"我们的西弗吉尼亚州的领导应该促进新时代的降临。西弗吉尼亚州是钢铁出产最多的一个区域,是世界最大铁路公司之母,是农产最富庶州的第三位,再没有其他州比它更可以带动全美经济发展的了。"

即兴演讲者使用以赞扬作结的方法时,态度一定要十分诚恳。倘若态度不够诚恳,听众便会觉得你非常虚伪,从而不会从内心里真心地接受你的想法。

2. 以幽默作结

曾经有人这样说:"当你说再见时,要使人们笑。"但是到底应该怎么做呢?每个人都有自己特有的方式。当然,以幽默作结是一种很好的选择方式。

路易·乔治是一位著名的教士,他在为约翰·维斯雷重修坟墓的严肃仪式上发表了演说,面对着众多公理会教徒,他演讲的结尾也引起了听众的大笑,堪称一篇优美流利的结尾词,结尾词是这样的。

"我很高兴你们愿意动手来帮忙重修他的坟墓。他在世时一定是受到世人尊崇的人。他是一位非常憎恶不整洁的人。我听他这么说:'永远不要让任何人看见一个衣衫褴褛的公理会教徒。'正是由于他的努力,所以你们永远不会看见一个这样的人。"(笑声)

"倘若你们竟让他的坟墓残破不堪,那么你们肯定是有意和他作对。你们还记得当他走过一间住宅时,一个小女孩跑到门口向他喊道:'上帝保佑你,维斯雷先生。'他是如何回答的

吗?他是这样回答的:'善良的女孩,如果你的脸和围裙再干净点,你的祝福将更有价值。'"(笑声)

"这便是他对于不整洁的厌恶感,不要让他的坟墓不整洁啊!如果他的灵魂经过此地,看见坟墓不整洁,将会比任何时候更令他伤心。请务必好好地看护它,这是一座值得纪念、尊崇的坟墓。这是你们的责任。"(欢呼)

3. 以观点作结

即兴演讲者往往认为,听众也会和自己一样清楚自己的观点,事实并不尽然。

对于自己的观点,一个出色的演讲者已经思考了很长时间,但对听众来说却是全新的。因此,听众只能"记住一大堆事,但没有一样能够记得十分清楚"。那么在即兴演讲即将结束的时候总结一下观点是很有必要的。

这方面,美国芝加哥一名交通经理的演讲做得比较成功。

"各位,总而言之,根据我们在自己后院操作这套信号系统的经验,根据我们在东部、西部、北部使用这套机器的经验,它操作起来非常简单,而且效果很好,再加上在半年之内它阻止撞车事件发生而节省的财力,我怀着最急切的心情建议:在我们的北方分公司立即采用这套机器。"

这样的总结是极其有效的,应该再加以灵活地运用。

4. 以名言作结

如果你能够用合适的名言结尾,那么将会表现出你的独特风格，从而给听众一种美的感受。

有著名演讲家是这样结束他的演讲的。

> "各位回国之后，你们中某些人会寄给我一张明信片。如果你们不寄给我，我也会寄一张给你们。你们一眼便可看出那是我寄去的，因为那上面根本没有贴邮票。但我会在上面写上：'春去夏来，秋去冬来，万物枯荣都有它的道理。但有一样东西永远如朝露般清新，那便是我对你永远不变的爱意与感情。'"

最后的这首短诗符合演讲的气势，用在这里是非常恰当的。

5. 结尾激发高潮

这是一种非常普遍的结束演讲的方法，但通常很难控制，如果处理得当，效果将会非常明显。让整个演讲的气势逐步向上，在结尾达到高峰，会让听众感到震撼。有一场关于尼亚加拉大瀑布的演讲，就运用了这种方法。

> "这使我们不自觉地回忆起过去。当哥伦布第一次发现这片大陆，当基督在十字架上受苦，当摩西领导以色列人通过红海，甚至当亚当第一次从造物者手中诞生的时候，那个时候也和现在一样，尼亚加拉瀑布早已在此地怒吼。"

> "已经绝种但其骨头却塞满印第安土墩的巨人族，当年他们也曾静静地凝视着尼亚加拉瀑布，就如同我们今天一样。尼亚加拉瀑布与人类的远祖同期，但是却比第一位人类更久远。今天，它仍和一万年以前一样声势浩大。"

"早已死亡，只有从骨头碎片才可以证明它们曾经生存在这个世界上的史无前例的巨像，也曾经看过尼亚加拉瀑布。在这段漫长无比的岁月里，这个瀑布从没有静止过、从没有干枯过、从没有冻住过、从没有合眼，从没有休息。"

在这个演讲中，分别拿现在与哥伦布、基督、摩西、亚当等时代比较，一个比一个更强烈，因而激发了高潮。

精妙的结尾不但要顺其自然，更要别开生面，从而达到既可以收束、又能进入高潮的效果。

第七节

公众面前，应对挑衅的四个妙招

有这样一个故事。

一位青年作家结束演讲后，会场里立马响起了热烈的掌声。由此可见，这场演讲获得了极大的成功。

接着，作家立马要回答听众提出的问题。下面的纸条一张张递上台来，作家依次作答，流畅而得体。

然而突然之间，作家看到一张字条上赫然写着两句刺眼的话："你的作品有些只是二三流的，却都可以发表在有名望的刊物的显眼位置，这不是与你的名气和背景有关吗？"

此时，作家脸上略微显得有些尴尬。他心想，怎么办呢？他当然可以坦然作答。但是他却是这样回答的："我的作品的发表与我的名气和背景无关。说我的作品是二三流的，那仅仅只是你的看法，我觉得我的作品不是二三流的。"

作家的自尊心受到了很大的损伤，他的语气中很明显透露出几分冲动。幸好提问者没有再次发问，这场"危机"终于就这样过去了。

那么在与人交流沟通中，在毫无准备的情况下，突然遭遇批评时，该怎样应答呢？

对这一问题，要具体情况具体分析。

倘若对方说得有道理，你就接受批评："你说得很正确！我明白你的意思，下次我一定会注意的。"

或者，你还可以设法拖延。批评你的人已经处于有利地位，在大多数情况下，你不必立刻答复。比如，"你的意见我可以考虑考虑，明天早上我们继续谈吧。"说这类话是较合理的应对方法。

如果错误不在你，你也不要急着反击。这是因为对你而言，反唇相讥有害无益，只会让你给人留下坏印象。

常见的应付批评或挑衅的说话技巧有以下几种。

1. 引用俗谚

引用俗谚可以"起死回生"，是一种很好的说话技巧。因为俗谚能给人一种"那是真理"的错觉，而很多人都会心悦诚服地服从于真理。

比如，当对方急着要你作出决断时，你可以这样说："有句话说得好,'欲速则不达',我们都应该从长计议。"

再如,当对方攻击你无知的时候,你可以这样说:"有句话是这么说的,'知而不行,犹如不知',我们应该重视这一点。"

此外,还有一种具有威胁性的说法。比如,"有句话这样说'狗急跳墙'。你的主张也许是非常正确的,但问题是能否获得众人的协助?"这种方法往往可以在一定程度上削弱对方的攻势。

2. 找借口

找借口也是一种好办法,但要故弄玄虚。在此以前,你是处于"被动挨打"的地位。因此,你一定在话题之外找借口,反将对方一军。比如:

> "你的意思我可以明白,但你为何要这样严厉地指责我,伤彼此的和气呢?再说了,你也不见得完全没有问题。你这种态度实在是欺人太甚,令人难以接受。"

> "你说的也许是非常正确的,但你要知道,倘若按规则做,你就会通行无阻;倘若你固执己见,也会失败。"

3. 不断发问

要想扰乱对方的阵脚,不断发问是一种非常有效的方法。比如:

> "你刚才说有检讨的必要,这是何意呢?"

> "你刚才说要建立全体参与的体制,那么全体是指什么人呢?要以什么方式参与呢?"

如果不断地发问，对方迟早会露出破绽。因此，你就要与对方缠斗下去，直到他不耐烦了，说道："这种芝麻小事，无关紧要！"这个时候，你就有机可乘了。你可以这样反驳他："你怎么可以说这是芝麻小事呢？我有疑问，而你却不加以说明，我怎能了解呢？"

用不断发问这个办法应对挑衅时，要注意以下两点。

（1）很简单的事也要反复询问。这是一种声东击西的方式。如果这样做，对方肯定会感到非常厌烦，因而不想再和你纠缠下去。因此，为了转移对方的注意力，最好的办法就是跟他扯毫不相干的事。另外，这也会使对方的话在不经意间丧失条理性。

（2）请对方为一些字句下定义。当对方论证问题的时候，你一定要找出关键词，然后再反复问一些很简单的事。像"促进""调整""处理"等关键词。例如："……请问，是这样处理吗？我想再确认一下。"如果对方存在弱点，他便不会再那么凌厉了。

4.多使用"比如说"

即使对方说得有条有理，有时只要使用"比如说"发问，对方可能就会立即崩溃下来。这也是应对批评或挑衅、摆脱困境的一种好方法。例如：

"比如说，你有什么例子可以列举一个吗？"
"比如说，你说的这个问题适合何种情况？"
"比如说，你能够想出好的方法吗？"

这样，即使对方确实很有道理，但他如果无法回答你的问题，那么就难免会不知所措。

当你要求对方举例时，对方显然会处于一种劣势之中。因此，你要继续说："你说的话我完全可以理解，不过，如果不知道具体的用法，就等于是纸上谈兵，毫无意义可言。"

第八节
即兴演讲——以尊重赢取尊重

生活中，人们往往只注重大问题，而会忽略小问题，尤其是那些细枝末节。比如，有些人会忽视别人的存在，看不到别人的长处和优点，甚至对别人不屑一顾，那样也就无法学会尊重别人了。

然而尊重别人是做人最起码的道德标准。这样，你就会重视对方，深入地了解他，并以他来观照自己。换句话说，尊重别人就是尊重自己。因为你只有尊重对方，才能赢得他对你的尊重。

既然尊重是相互的，又何乐而不为呢？

一只蚂蚁被风刮落到池塘里，它的生命危在旦夕。树上的野鸽子看到这一切，赶忙将一片叶子丢进池塘里。蚂蚁见了，赶紧爬上叶子，漂到池边，很快它得救了。

蚂蚁很感激野鸽子的救命之恩。

过了一阵子，有一天，蚂蚁看到有位猎人用枪瞄准了树上的野鸽子,但是它竟然一点也没察觉。就在猎人准备开枪之际,蚂蚁赶快爬上了猎人的脚,狠狠地咬了一口。

猎人脚痛了一下,子弹打歪了,就这样野鸽子逃过一劫。

就这样,蚂蚁终于报了野鸽子的救命之恩。

人类也是如此。每个人不管能力、职位、身份、财富如何,都有他存在的价值,都不容忽视。

公司刚刚来了一位保洁阿姨,她干活勤勤恳恳,每天都提前半小时到公司,在大家正式上班前会把所有的办公室都认认真真地打扫一遍,以便不影响大家的正常工作。

有一次,在给绿萝浇水的时候,保洁阿姨不小心把水弄洒了,弄脏了办公桌以及少量文件。这个时候,她面色蜡黄,整个人一下子都吓呆了。

小琴看到这种情形,一下子急了:"你知道这些文件对我有多么重要吗?我一上午的工作就都被你浇没了。以后你浇水的时候能不能对我打个招呼,让我提前把文件收拾好。"

小琴的话很刺耳,以致惊动了坐在办公室的李总。他走出来看了看保洁阿姨,又看了看小琴,说:"小琴,你怎么跟阿姨说话呢?文件不就淋了一点水吗,重新做不就得了吧,至于这么大声嚷嚷吗?再说了,阿姨又不是故意这么做的。"

保洁阿姨如梦初醒一般,连忙说:"是我的不对,对不起,小琴。"

"没事的,阿姨。"

即兴演讲：关键时刻不能输在表达上

"阿姨也是我们公司的员工，不要因为你是经理，她是保洁员；你工资一个月5000元，她只有2000元，就对她有任何不敬。公司绝不允许有这样的事发生。"李总对所有的员工这样说道。

过了试用期后，保洁阿姨和公司签了5年的合同。

有人问保洁阿姨，为什么签这么久？她说，如果可以，她愿意一辈子待在公司里做保洁员；她以前觉得保洁员职位最低，不被人们尊重，任何人都可以呼来喝去的，然而李总让她觉得自己也有了尊严。

在实际生活中，越是有修养的人，越懂得尊重别人。这就是为什么成功的人会越成功，落魄的人会越落魄的原因吧。

当然，尊重别人不仅体现在语言上，更体现在行动中。尊重别人需要真心实意，用一颗真心去感染对方，而不是虚情假意。

一天，美国一位40多岁的中年女人领着一个小男孩走进著名企业"巨象集团"总部大厦楼下的花园，在一张长椅上坐了下来。她不停地在跟男孩说着什么，似乎十分生气。然而在不远处有一位头发花白的老人正在修剪灌木。

忽然之间，这位中年女人从提包里揪出一团卫生纸，将它抛到老人刚修剪过的灌木上。

这时，老人很诧异地转过头来，朝中年女人瞄了一眼，她却非常满不在乎地看着老人。这个时候，老人什么话也没说，他走过去拾起那团卫生纸，并且将它扔进了一旁的垃圾筐里。

结果，中年女人又揪出一团卫生纸扔了过来。老人又一次走过去，把卫生纸拾起来扔到垃圾筐里，然后回到原处，依然继续他的工作。

但是老人刚拿起剪刀准备修剪灌木的时候，中年女人的第三团卫生纸又落在了他眼前的灌木上……

就这样，老人一连拾了中年女人扔过来的六七团卫生纸，但是他并没有因此露出不满和厌烦的神色。

"亲爱的，你看到了吗？"中年女人指了指修剪灌木的老人，大声对小男孩说，"我希望你能够明白，如果你现在不好好上学，将来就会像他一样没出息，只能做这种卑微、低贱的工作！"

老人听了这番话，他慢慢地走过来，和颜悦色地对中年女人说："夫人，这里是'巨象集团'的私家花园，按规定，只有集团员工才可以进来。"

"那当然，我是'巨象集团'所属的一家公司的部门主管，就在这座大厦里工作！"中年女人很高傲地说，同时掏出证件朝老人晃了晃。

"我能借你的手机用一下吗？"老人沉默了一会儿说。

中年女人非常不情愿地把手机递给老人，同时又不失时机地开导儿子："你看这些穷人，这么大年纪了连一部手机都买不起。所以你今后一定要好好地努力啊！"

老人打完电话后，立马把手机还给了中年女人。很快，一名男子匆匆走了过来，恭敬地站在老人面前。老人对男子说："我现在提议,请一定要免去这位女士在'巨象集团'的职务!"

"好的,我立刻按您的指示去办!"男子听了,连声应道。

老人吩咐完后,径直朝小男孩走来,伸手抚摸了一下他的头,非常感慨地说:"我希望你能够明白,在这个世界上,最重要的是要学会尊重每一个人……"说完,他缓缓地离去了。

中年女人被眼前骤然发生的事一下子惊呆了。她认识那名男子,他是"巨象集团"主管员工任免的一位高级职员。她大惑不解地问道:"你……你怎么会对这个老园丁这么尊重呢?"

"你说什么?老园丁?他是'巨象集团'的总裁詹姆斯先生!"

中年女人听了这话,她竟然一下子瘫坐在长椅上。她望着那位老人渐渐远去的背影,很长一段时间都没有回过神来……

可见,学会尊重别人是多么重要。不要戴着有色眼镜看人,说不定有一天你会为此而吃亏的。人生处处是考场,不要心存侥幸。

第九节

即兴演讲时,保持谦虚的三种做法

谦虚是一种美德,但绝不是客套与虚伪,也不是遇到困难时的退缩与推诿,更不是深藏不露。很多时候,我们内心可以自信,但是还得表现出十分谦虚。**当你谦虚地和人交流时,会不知不觉地赢**

得对方的尊重。

美国有一位企业大亨，他曾经只是一家香皂公司的推销员。一天，他跑到一家大超市推销香皂。超市老板正忙着上货，他非常不耐烦地挥手说道："你走吧！我没工夫跟你闲聊，我这儿货已经很多了，等以后再看吧！"

面对超市老板的蛮横无理，他并没有退缩，仍然打算尽力去说服人家。

然而让他没有想到的是，对方竟然对他破口大骂："赶紧带着你的东西立刻给我滚蛋！刚才我是给你面子，不想让你太难堪，可是你这家伙却这么不识好歹！"

他一边收拾自己的箱子，一边平静地说："很抱歉，我刚当业务员没多久，才疏学浅，还希望你不吝赐教……如果我向其他超市推销香皂，该怎么说才好呢？"

老板听了，觉得自己刚才的态度实在太过分了，于是非常热心地说："你应该这样……"老板便把香皂的好处说了一大串。

"尊敬的先生，没想到你对我们的产品这么了解，你的话也这么具有说服力，谢谢您的指点。"他由衷地称赞对方。

老板听了，不但消了气，还与这名推销员签了一笔不小的订单。

推销并不是一件容易的工作，被客户拒绝可以说是家常便饭，甚至遇到客户说难听的话也是一件非常平常的事情。在这个故事中，销售对客户非常客气，还非常虚心地向他请教，最终使得他心情舒畅了起来，自然也就达到了自己的目的。

可见，讲话时虚心请教别人，会压低对方的傲气，获得他的好感。

有一天，一位女作家被邀请参加一次笔会，坐在她身边的是一位年轻的匈牙利男作家。女作家衣着非常简朴，沉默寡言。男作家根本不知道她是什么人，以为她只是一个不入流的作家而已。于是，他的内心不自觉地有了一种居高临下的心态。

"请问小姐，你是专业作家吗？"

"是的，先生。"女作家回答道。

"那么你发表过什么作品呢？能否让我拜读一下？"接着，男作家继续发问道。

"我只是写小说而已，根本谈不上什么大作。"

这时，男作家说："你也写小说，那么我们算得上是同行了，我已经出版了339部小说，请问你出版了几部？"

"我只写了一部。"

男作家听了，非常鄙夷地说："噢，你只写了一部小说。那么能否告诉我你写的小说叫什么名字吗？"

"《飘》。"女作家极其平静地说。

男作家听了，顿时惊得目瞪口呆。

女作家的名字叫玛格丽特·米切尔，她一生只写了一部《飘》，但是很多人都知道她。然而那位自称出版了339部小说的男作家，却已经无从查考了。

女作家的谦虚态度赢得了世人的称赞。这说明，能够平等、谦和地对待任何一个人，显得多么重要。因此，与人交往时，不管你的身份、地位、成就如何，都应该谦虚待人。

那么演讲时，如何做到保持谦虚呢？

1. 切忌目空一切、居功自傲

有的人做出一点小成绩、取得一点小进步，就会不经意间飘飘然起来，不但到处夸耀自己，而且跟任何人说话都表现得趾高气扬。

小王是一家广告公司的职员，他设计的一件平面广告作品得了一项大奖，总经理在员工会上表扬了他一番，并让他升任了部门经理。

就这样，小王自认为自己已经是个人物了，从此便以"专家"自居。

一次，总经理拿到一个平面设计作品，请小王来评价。

小王唾沫横飞地说了整整一小时，把这个作品批得体无完肤，最后的结论是：应该返工重来。

总经理对这个作品本来比较满意，听了小王的话就感到非常不高兴，从此疏远了他。

过了一段时间，公司的另一名职员小刘也得了广告大奖。但是他吸取了小王的教训，说话谦虚，态度和善，终于得到了大家一致的好评。

2. 适当地使用敬语

敬语能体现演讲者的态度，听众会据此判断自己在演讲者心目中的地位。例如，经理想让新职员一起去见客户，说道："你也来吧！"如果新职员倘若回答"好，去！"，那么结果会怎样呢？经理会认为新职员不懂对领导的敬重，内心会不平静的。这样，这位经理就会用另一种眼光看新职员。而新职员由于没有使用敬语，会使经理改变对自己的态度，日后双方的关系会变得十分尴尬。其实，新职员完全可以这样说："非常感谢经理对我的看重，我一定不会辜负您对我的信任！"

3. 请别人评判自己的意见

真正厉害的人物总会非常谦虚地请别人评判自己的意见，这当然会获得对方的赞同。以谦虚的态度表达自己独到的见解，对赢得别人的信任很有效。很多成功人士大多使用这一招。

第十节
透露内心的七种腰部动作

有时人们为了表露自己的真实想法，常常会借助腰部动作达到交流的目的。这就需要我们理解"腰语"，它主要有以下几种表现。

1. 弯腰

一般情况下，人在点头、鞠躬时都会下意识地弯腰，同时精神状态也会随之"低"下来。

鞠躬可以表现谦逊，也可以表明自己不如对方，甚至非常惧怕对方，以此表达诚服之心。更进一步说，就成为心理上的服从、屈从了，反映在身体上就是一系列把腰部放低的动作，如伏、叩拜、作揖、蹲、跪拜等。

作揖、跪拜、弯腰、鞠躬等除了表示礼仪之外，都是压抑自己的情绪，服从或屈从对方的一种表现。

2. 挺腰

一名出色的演讲者充满自信，情绪高昂时，会表现出挺腰的动作。挺直身体，可以提高腰部位置，这表示一个出色的演讲者面对别人的挑战并不畏惧，并力图给对方施加压力，造成一种压倒性优势。

站立、行走或坐下时经常可以挺直腰板，这表示一个出色的演讲者有自制和自律的能力，但是他的精神状态也可能缺乏一定的弹性，即原则有余而灵活不足。

3. 浅坐高腰

一个人始终浅坐在椅子上，腰部挺直，流露出的往往会是心理劣势。一般情况下，这种人缺乏安全感，而且身体防卫性非常强，仿佛随时处于"战备"状态。

4. 深坐低腰

这种动作表示对方不为眼前的情况而感到紧张，他觉得自己根本没必要站起来，换句话说，他处于精神放松状态。这也向别人表现了他的心理优势，说明他在当下可以泰然处之。

5. 屈蹲低腰

这种动作完全是防卫和服从。说明他处于绝对被动或消极的状态之中，有的时候也可以理解为隐藏着攻击欲念的防卫性姿势。

6. 叉腰

两手叉腰，说明面临一件事的时候本人胸有成竹，已做好充分的精神准备，或打算立即采取行动，具有一定的前瞻性和自豪感。

叉腰的同时，两根拇指外露，则表明本人的内心深处有着强烈的优越感或支配欲。

7. 倒叉腰

两手叉腰，拇指呈倒八字，说明本人具有很强的优越感，还有一种吸引异性的心理倾向。

第五章

掌控演讲现场的绝招

即兴演讲不仅需要良好的心理素质和出众的口才,还需要超人的"心计"。一个优秀的演讲者懂得利用自己的行为举止来影响听众,让他们在不知不觉中被自己吸引,跟着自己的思路前行。

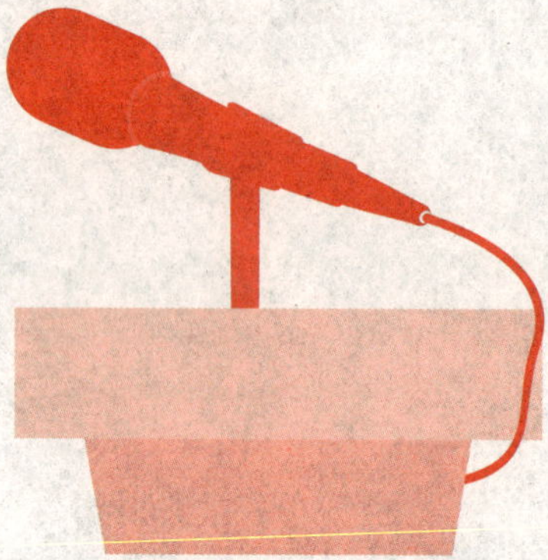

第一节
从头部姿态分析对方的三种意图

头部动作也叫"首语",类型简单,但非常重要,因为与肢体语言、面部表情相比,它更容易被忽视,而且往往是不自觉地就发生了。

在与人进行交流沟通时,头部动作一般有两种,即点头和摇头。有相关专家表明,点头表示肯定,摇头表示否定,前者是天生的,后者是后天习得的,但它们的含义在人们的潜意识中已经根深蒂固了。

  销售部的李经理拿着一摞上个月的绩效考核表,走进了方总的办公室。
  方总看了,皱着眉头道:"怎么这么多?"
  李经理连忙道歉,然后说:"方总,是这样的,上个月小林走了,这回只由我跟老张统计表格,人手不够。其实,还有一部分没有统计完呢……"
  方总"嗯"了一声,接过绩效考核表,看了一下,问道:"为什么上个月那么多人请假?公司不是规定每个部门同时请假的人不能超过3人吗,你看销售部一共才5个人,上个月五号一下子就有4个人请假,这些难道你不知道吗?"

李经理听了,紧张地说:"是这样的,当时情况有些特殊……"

方总摆了摆手,接着看表。最后两张分别是招聘申请和添置指纹打卡机的申请。"你刚刚说你们部门缺人手,是吗?"方总从从容容地问。

李经理点头称是,并解释说最近有些忙不过来,因此才提出来招聘一名秘书,协助他来工作,还有,打卡机已经不太好用,想换一台有指纹识别的新款式。

方总仍然看着报表,点了点头表示同意,然后把报表给了李经理,让他整理好再送过来。

"方总,打卡机要换吗?"李经理趁机问道。

方总略微想了想,才缓缓地说:"可以换,我直接跟财务打个招呼就可以了。"

李经理出了方总的办公室,才长长地出了一口气。

可一个月过去了,总不见人力资源部的人找李经理来商量招聘秘书的事,也不见有人去买指纹打卡机。他搞不明白了:方总到底是什么意思?可是,他不是明明已经都答应了吗?

在竞争激烈的职场中,你有没有遇到领导出尔反尔的情况呢?实际上,你真的善于察言观色、了解领导的态度和想法吗?领导真的那般捉摸不定吗?

就如上述故事中的李经理,如果他仔细观察方总的头部动作,就能了解一些端倪。那么方总的真正意思又是什么呢？

1. 点头的动作

心理学专家发现，即使先天盲、聋、哑的人也会使用点头来表示肯定，点头甚至在全世界都表示"是"的意思。

但是如果是两个人在交流沟通时，其中一人过于频繁地点头，比如对对方的一句话、一个观点频频点头，超过三次，很可能就代表着他不再同意或赞成这个人的观点，很可能已经慢慢地表示出了他的不耐烦或否定的意味。

尤其是当点头的动作与谈话的情节不相符合时，更能说明他根本就没有在非常认真地倾听你的说话，或者他在非常刻意地隐瞒着什么。因此，对点头的动作应该仔细地观察，之后再作定论。

2. 言行不一的表现

如果你在征求领导的意见，想知道对方是否同意你的看法时，比如，王总问刘总"打印机要换吗"，千万不要把注意力只放在他说了什么上，还要仔细观察他在回答时自然流露出来的动作与他的回答是否保持一致。

当他表示同意你的看法时，一定要注意观察他的头部动作。如果他是发自内心同意你的提议，所持的态度一定是肯定的，他会伴有微微点头的动作，这时你就可以对他的回答报以信任。

如果他在肯定地回答你的问题时，没有点头示意，而是与刘总一样"低头想了想"，甚至伴有摇头的迹象，基本上可以判定他口是心非。那么对他的回答最好不要抱有太高的期望，他的其他肢体语言已经非常本能地流露出了他的否定态度。

在人际交往中，点头的动作一般用来表示肯定或者赞成。身体语言是人们在内在无意识的情况下作出的一种外在反应，因此，当领导怀有积极或者肯定的态度，一个出色的演讲者说话时就会由衷地点头作出一些暗示。

3. 摇头的动作

在一般情况下，摇头通常表达的意思是"不"。如果领导对你表示赞同，这个时候你完全可以观察他说话时有没有做出轻微的摇头动作。

如果他一边说："我非常认同你的看法""这个提案听起来实在太棒了""我马上让人去做"，而一边轻轻摇头，那么不管他说得多么真诚，都折射出了他内心的消极。如果你足够聪明，最好留个心眼，千万不要信以为真。

即兴演讲时把头向一侧倾斜，甚至露出喉咙和脖子，女性比男性更容易摆出这种比较弱小、顺从和缺乏攻击性的造型。如果你的领导有如此表现，那么你就可以确信你所说的话有一定的说服力，而领导已经在认真考虑了。

有人在即兴演讲时喜欢仰起头。如果你的领导是这样的，千万不能掉以轻心。一般来说，仰头暗示高贵，或者强调某种优越感，这意味着你们之间的对话是不平等的，他可能会对你比较排斥，甚至表现出一种轻视的态度。

还有一种情况，一个人在听别人即兴演讲时低着头，甚至交叠手臂放在胸前。这种动作往往意味着否定、审慎或不接纳，甚至具有攻击性。

在很多情况下，人们在低头时往往会形成批判性意见，因此，只要你的顶头上司在面对你的时候，不愿意把头抬起来，或者向一侧慢慢地倾斜，那么这个时候你就应该明白，对方根本不想理会你的提议，因此你最好趁早打消继续说服他的念头。

第二节
灵活运用眼神的六种方式

当一个演讲场合中听众较多时，你可以采用环顾或虚视的眼神。

1. 环顾

什么是环顾？它是指视线自然流转，看整个听众群。这样，在场的每个人都能够和你的眼睛进行接触，而且他们都能够真切地感到你看到了他们。因此，这在无形中会加强演讲者与听众之间的感情联系，提高听众参与的兴致。

同时，一个出色的演讲者可以通过这种方法多角度地接触听众的视线，也可以对他们的心理反应做全面的了解，以随时调整话题。

当然，**环顾一定要做到自然得体，速度不可以太快**。不能在说话时眼睛快速地转来转去，那样会分散听众的注意力，还使人感觉你根本心不在焉。

2. 虚视

虚视是什么呢？它是指目光似看非看，给人的感觉仿佛在看什么地方，实际上并没有看任何地方。它一般把目光停留在对方的中部和后部，可以用来消除飘忽感或呆板感。当演讲者心理紧张时，可以运用这个方法，以便他能够集中精力进行仔细地思考。

在即兴演讲时，听众的眼神也要时时观察，以便了解他们的心理，随之调整讲话策略。听众的眼神主要有以下几种。

（1）听众眼神暗淡无光，表明内心非常忧愁。即兴演讲时就不要喜笑颜开、手舞足蹈了。

（2）听众眼神突然明亮，表明对即兴演讲感兴趣，即兴演讲时就要趁热打铁。

（3）听众眼神游离，表明内心十分慌乱，即兴演讲时应该穷追猛击。

（4）听众眼神平静、刚毅，表明成竹在胸，即兴演讲时应该谦虚谨慎。

> 埃及有一个名叫达乌德的法官，双目犀利，眼神敏锐。他在审理案件时，端坐在瓮中，上面仅露出自己的头，只是用眼神死死地盯住监狱里的犯人，给对方一种阴森恐怖、寒气逼人的感觉。因此，一般情况下，大多数犯人就都会乖乖招供。

当对方用压倒性的目光盯视你时，你不要直视对方的眼睛，而要在他眼睛的上方找一个地方，然后就用眼睛一直静静地盯着那个地方看。这样一来，无论是谁也没办法用目光的逼视将你压倒，最后那个人除了降低自己的目光之外，别无选择。

某国家政要有一张照片很出名，照片上的他怒容满面、目光炯炯，这是加拿大摄影家卡希拍的。那时，某国家政要刚进入镜头中，卡希猛然之间向前，一把夺下了他的烟斗。

这个时候，某国家政要没有任何思想准备，一时竟然勃然大怒，两只眼睛睁得大大的，一只手叉在腰上，气势咄咄逼人。

这张照片被刊登出来后，竟然成为第二次世界大战时期英伦三岛"永不投降"的精神象征，为什么会这样呢？因为广大民众被某国家政要那犀利的眼神彻底征服了。

演讲者在演讲中倘若十分愤怒，也可以用眼神来表达。总之，**眼神的力量是无穷的。**

有个出色的演员拥有高超的表演技巧，每次演讲他都能充分运用目光语。有时目光像聚光灯，集中到全场的某一点上等；有时目光则像探照灯，扫遍全场。因此，有人评价他的目光语是一台"征服一切的戏"。

德国古典哲学家黑格尔说："不但是身体的形状、面容、姿态和姿势，还有行动和事迹、语言和声音以及它们在不同生活状况中的千变万化，全都要由艺术化成眼睛。人们从这双眼睛里就可以认识到内在的、无限的、自由的心灵。"

因此，演讲者要学会灵活运用自己的眼神。

那么到底该如何做呢？

1. 仰视法和俯视法

演讲者在演讲时不要只是一心注意听众,可以根据具体演讲内容灵活运用仰视法和俯视法。例如,表示长者对后辈的怜悯、爱护与宽容时,可以把视线向下,即采用俯视法;表示思索、回忆或尊敬、撒娇时,可以把视线向上,即采用仰视法。

2. 侧视法和点视法

侧视法就是目光呈"Z"形或"S"形,它在演讲中用得比较多。

点视法就是重点观察、注视不安静处或不注意听讲的听众。一般情况下,听众发现演讲者的目光就会触目知错,从而停止骚动、私语。在很特殊的情感处理与观众的不良反应出现的时候,可以大胆地采用这种方法,这对制止听众的骚动情绪是十分有效的。

3. 环视法

什么是环视法?环视法就是有节奏地左右或前后移动视线,每移动一步视线都是弧形,最后构成一个整体的环形。仔细地观察会场,与听众保持眼神的接触,增强感情互动。但是需要注意的一点是,环视不要过于频繁,尤其不要"眼睛滴溜溜地转",那会使听众感到滑稽可笑。

这种方法由于视线跨度大,难免有刻意之嫌,需要注意的是要注意中间的过渡,注意衔接。一般情况下,它主要用于气氛浓烈、场面较大的演讲。

4. 闭目法

人眨眼的频率,一般是 5～8 次/分钟。如果时间超过一分钟没有眨眼，就成了闭眼。闭目法的视线是无方向的，是视线变化的一种特殊表现。

闭目法有其特定的意义和作用。当演讲者和听众情绪高涨到难以控制的时候，或讲到某个伟人激起大家的敬佩之情的时候，一个出色的演讲者可以暂闭眼睛，以示某种特殊的感情。尤其是讲英雄人物英勇牺牲的时候，大胆运用闭目法，这样往往能够取得很好的效果。

5. 虚视法

这是一种转换性目光，演讲者仿佛看着什么听众，可是其实什么也没看。即"眼中无听众，心中有听众"。一般情况下，虚视法是良好的观察力的一种过渡。

这种方法在演讲中使用频率比较高，尤其是演讲者初上场时可以用它来克服紧张、分神等缺点，从而显示出端庄大方。与此同时，它还可以用来表达怀疑、愤怒、悲伤等感情。

6. 前视法

演讲者平直向前看，以听众席的中心线为中心，视线弧形流转，兼顾两边。视线推进时，一定要按语句有节奏地进行，一定要统摄全场听众。通常情况下，视线落点应该放在最后一排听众的头顶部位。

演讲者眼睛保持平直向前，注视着所有听众，这样可以使听众不知不觉地感到"他是在向我演讲"，从而引起他足够的注意。前视法也有利于演讲者保持端正的身姿，非常认真地观察听众的情绪变化。

相反，在演讲时或俯视地板，或左右环顾，或仰望天花板，或张望门窗，那都是要不得的动作。

最后需要说明的一点是，视线的运用方法往往要根据演讲内容的需要，运用其中的一种或几种方法。因为随着演讲者思想感情的变化，眼神有待于"相机行事"。

一个优秀的演讲者一定要注意到以下几点。

（1）眼神的变化要有目的性，切忌故弄玄虚、神秘莫测，因为这会在不知不觉间迷惑听众。

（2）眼神要快速地同步地配合演讲者思想感情的变化。

（3）眼神要协同有声语言、手势、身姿等，以求收到更好的效果。

（4）不能过多地凝视，这会对听众形成一种压力。

演讲者假如采取虚视，这样自己既不失礼貌，也不会因为视线过分集中而分散注意力，从而使自己和听众双方都感到十分自然。

第三节

即兴演讲的六招禁忌手势

什么是手势呢？手势就是演讲者在演讲中使用的一些辅助性动作，它是演讲效果的综合表现之一。如果演讲者只是单一地讲话，那么会显得十分单调乏味，而如果配合一定的手势，那么就能够在不知不觉间给演讲增添色彩，让听众听得更加清楚明白，使自己的演讲更加成功。

手势能够展现演讲者的魅力，吸引听众的注意力，增加演讲的整体效果。但是演讲手势一定要提前练习，因为刚使用手势时会不协调。

通过手势的交流可以掌握听众的心理，正确的手势往往会给人带来好的效应，而错误的手势却会给你带来意想不到的麻烦。那么手势到底有什么禁忌呢？

1. 即兴演讲时用手遮嘴

用手遮嘴，有时用整个手掌，有时只用几根手指，以压制谎言从口而出。为什么会这样呢？这是因为演讲者下意识地希望通过遮掩嘴巴来隐藏自己的内心活动。

在我们的生活中，人们还会用假咳嗽来掩饰这种护嘴姿势。著名演员在演坏蛋或罪犯时经常会用这种姿势进行撒谎。

演讲者倘若用这种姿势，基本表示他在说谎。而最让演讲者心塞的场面是在他演讲时听众在不经意间用这种姿势。这个时候，一个出色的演讲者最好暂停一下，问问听众是否对自己有一些意见。这样能够缓解听众的反对情绪，从而有机会解决一些问题。

2. 即兴演讲时用手摩擦眼睛

演讲时用手摩擦眼睛，表示想遮住自己看到的具有欺骗性的事物；或者表示自己在说谎，想躲避对方正视自己的脸。

使用这种手势，男人通常比较用力，倘若是撒谎，眼睛常常会不自觉地往别处看，尤其是会慢慢地看地板。女人一般会轻轻地揉眼睛的下方，然后看天花板。

3. 即兴演讲时用手抓耳朵

这是为了防止听不好的事。比如，小孩子不想被父母责骂，就会用双手捂住耳朵。其他动作有用手掏耳朵、拉耳垂、摩擦耳背或盖住耳垂等，意思是已经听够了或是想讲话。其中，拉耳垂表示自己的内心十分不安，想尽量阻止别人的谈话。

4. 说话时用手摸鼻子

摸鼻子是遮嘴姿势的一种隐匿表达，摸鼻子可以是轻轻地来回摩擦鼻子，也可以是很迅速地触摸鼻子。女性做这种动作时会非常轻柔，因为内心非常害怕弄糟脸上化的妆。

著名心理学家认为，鼻子是传达信号的工具，说谎的时候它的神经末梢会被刺痛，这时摩擦它是为了缓解这种疼痛的感觉。

另一种说法认为，摸鼻子和遮嘴一样，是一种下意识的行为，说者摸鼻子表示欺骗，听者摸鼻子则表示对演讲者的怀疑。

5. 即兴演讲时用手搔脖子

这是指用食指搔耳部下方或脖子一侧，每次大约会搔 5 下。使用这种姿势往往表示一种怀疑的态度。比如，人们常常会说"我不能肯定"之类的话。而当有人说"我能够理解你的想法"之类的话时，这种姿势将会特别明显。

6. 即兴演讲时用手拉衣领

人的面部和颈部是比较敏感的，演讲时会引起一种轻微的刺痛感，一般要用揉、搔或抓来缓解。说谎的人如果意识到对方怀疑自己的时候，他的脖子就会不由自主地冒汗。因此，当一个人即兴演讲时拉衣领，是为了可以让脖子透透气。

对方假如使用了这种姿势，你向他提出这类问题就能够使他泄底，例如："请你再说一遍，可以吗？""请你说得明白一点，可以吗？"可能会使他慌张。

但是演讲者在谈话中出现上述动作并不都表示在撒谎。比如，有时人们摸鼻子只是因为发痒。

当然，发痒与说谎之间的差别是非常明显的：人们在搔痒时一般比较用力，而说谎时却动作极其优雅，而且伴随着与之协调的姿态，譬如身体摇来晃去或侧身蜷缩在椅子上等。

第四节
腿脚动作表示的暗示

面部表情和姿势可以有意识地控制，通过反复操练还能够熟练地掌握一些动作。例如，假装若无其事，表达反对态度，强颜欢笑，等等。但是我们很少注意手部、胸部和腹部的姿势，而腿部和脚部则几乎完全被我们忽略了。

然而腿脚的动作也极其重要，会泄露人们内心的秘密。很多人对腿脚的动作不太关注，根本不会考虑掩饰或者伪装的问题，而常常都会在脸部上演。因此，一个人的表情可以装得镇定自若，但是他的腿脚一直微微晃动,就可以说明他的内心充满了挫折感。

年轻人走路的速度明显快于老年人,双臂前后摆动的幅度也更大,这是因为他们具有轻快的步伐以及良好的肌肉柔韧性。女人走路时手臂向后摆动的幅度更大,这是因为她们的肘部向外弯曲的能力更强,这让她们背孩子更稳固。

不论男女,当人们撒谎时,腿脚部的下意识动作会显著增多。因此,只要观察对立的身体,就可以提高识破谎言的成功率。

这也能解释办公人员只有坐在实材办公桌后面,才会感到舒适的原因。他们能够隐藏下半身。相反,同实材桌面相比,玻璃桌面会给我们造成压力,因为它会让我们的腿部一览无余。

因此,想知道对方是否在欺骗你,不妨低头看看他的腿脚动作。也就是说,通过观察别人的腿脚动作,可以判断他是否有兴趣与你交谈。

不交叉或者大幅叉开的双腿,展现开放姿态,表明处于支配地位;而交叉的双腿则显示保守姿态,表明处于从属地位。

关于腿脚的小姿势,具体有以下几种。

1. 立正的姿势

立正姿势是一种非常正式的站姿,不表达任何倾向。异性间的交流沟通中,女人比男人更常使用这个姿势,传达的是"不置可否"的信号。学生在跟老师说话时,经常保持立正姿势;下属跟领导汇报工作或者职员、雇员跟老板交谈时,也常常会采用这个姿势。

2. 双腿叉开

这种动作十分典型，传达的是支配的意思，属于一种男性身体语言。这种展示胯部站姿的男性姿势显得很有一种男子气概。

体育比赛中场休息的时候，男队员们常常会围成一圈站着，而每个人都会做出展示胯部的站姿并会不断地变换姿势。其实，这跟身体发痒根本没关系，仅仅是由于这样可以展现他们的雄性气息，还可以表现出队伍的团结。

3. 稍息的姿势

稍息的姿势是这样的：把身体重心放在一侧的臀部和腿上，让另一只脚伸向前方，稍作休息。在中世纪的画作中，高贵的男主人公总是保持稍息姿势，这能让他们展示自己精美的裤子、鞋子和袜子。

伸出脚尖，它所指的方向就是内心向往的地方。这个姿势看起来像是一个人正要准备迈步的样子，这对于我们判断他当下的打算是非常有益的。和一群人在一起时，我们伸出的那只脚总会不自觉地朝向最吸引人的那个人；而当我们想离开时，伸出的那只脚就会不自觉地朝向离我们最近的一个出口。

4. 双腿交叉

很多人参加会议时，总是让双臂和双腿保持交叉，还会跟其他人保持比普通社交距离要远得多的距离，为什么会这样呢？因为这表明他们跟其他人不熟。他们倘若穿外套，衣服纽扣很可能是扣上的，这是一个人身处陌生环境的时候一种下意识的反应。

双腿叉开，展现开放或者支配的态度；双腿交叉，显示一种戒备、保守、顺从的态度。

剪刀型站姿则表达"不置可否"的态度。对女人而言，剪刀型站姿或是单腿交叉站姿传达了两个信息：一个是，她会继续待在原地，根本没有离开的打算；一个是，她持有拒绝别人接近自己的态度。

如果男人做出这样的姿势，除了同样意味着留在原地之外，同时还表达出了另外一个意图：希望对方尽量不要攻击自己的弱点。男人叉开双腿是为了凸显其雄性气概，而交叉双腿则是为了保护其雄性资本。

如果两个男人会面，其中一人觉得对方不如自己强悍，那么展示胯部的站姿就十分合适；但是如果对方比自己强悍，这就会让他容易感受到对方的攻击，从而去争强好胜。经过研究发现，缺乏自信的人经常会使用双腿交叉的姿势。

双腿叉开是男人自信的一种表现；双腿交叉则是男人沉默的一种表现。

会议中还有一种人，他们站着时双臂舒展，身体重心放在一条腿上，另一只脚的脚尖指向其他与会者，显得非常放松。他们跟朋友交谈起来也非常自然、随意，但是在和别人进行交往时，则会交叉手臂和双腿，并不那样放松和自信。

你完全可以这样做：加入一个正相谈甚欢的小群体，而且保证你不认识其中任何一个人，然后你交叉双臂和双腿，保持一种严肃的表情，很快，其他人就会相继交叉双臂和双腿，直到你静静地离开。当你走远一点，他们就会立马恢复最初那种开放的身体姿态。

双腿交叉传达的是消极和戒备的情绪，不仅让自己显得没有安全感，而且还会引发身边的人模仿。

第五节
即兴演讲站姿中的十要两不要

作为礼仪之邦的中国人，一直十分重视自己的外在形象。所谓行如风、站如松、坐如钟、卧如弓，这都是古人总结的标准。相关心理学家研究发现，一个人的外在形象甚至站姿会透露他的个性与心理。

即兴演讲中正确的十个站姿。

1. 双手插入口袋

这样的人一般不流露自己的心思。倘若他同时做出弯腰弓背的动作，可能就会说明他在生活中出现了一些不如意、不顺心的事。

2. 单腿直立，另一腿或弯曲或交叉或斜置于一侧

这样的动作，表示这个时候他持保留或轻微拒绝的一种态度，也可能表示的是受到拘束和缺乏信心。

3. 两手叉腰而立

这表示他非常有自信，或者在心理上占有绝对优势。倘若两手叉腰而立的同时，双脚还分开，身体显得膨胀，往往意味着潜在进攻性。倘若脚尖还拍打地面，则暗示领导力和权威。

4. 挺胸收腹、双目平视

这样的人显得十分自信，或非常注意个人形象，或这个时候心情愉快。

5. 含胸、背部微驼

很多女孩在青春期没有树立健康的认识，很容易表现出这种站相。在一定情况下，这往往表示缺乏自信。如果是女孩，则意味着非常单纯，需要加强保护或积极引导。

6. 双脚并拢，双手交叉站立

双脚并拢表示这人谨小慎微、追求完美，在一定程度上意味着缺乏进取心。但这属于平静而顽强的人，他们的韧性往往很强。

7. 双脚成内八字状

这种姿势是大多数女性的站姿，意味着态度的软化。女性担忧自己支配欲和好胜心太强的时候，往往会采取这种站姿。

8. 喜欢倚靠站立，不是靠墙，就是靠人

一般情况下，这种人比较直爽，也比较容易接纳别人。然而需要注意的一点是，他们缺乏独立性，喜欢走捷径。

9. 背手站立

这样的人通常自信力极强，喜欢把控局势，或居高临下。倘若他用一只手抓住另一只手臂，则很可能是在压抑愤怒等负面情绪。

10. 遮羞式站立

男性一般会有意无意地用手遮住裆部，这是一种防御性动作，反映的是一种遮羞心理，说明他们坐立不安，准备接受批评和否定。

当然，我们还要非常认真地纠正一些错误站姿。主要表现在以下方面。

1. 屁股特别用力

有些女孩想要营造翘臀感，所以站着的时候屁股会特别用力，但是这会在不经意间造成尾椎的压力，使体态显得非常不自然。

2. 弯腰驼背，下巴突出

这是一种最常见的错误站姿。有些人因为睡高枕头，导致脊椎往前了，站着看起来就像驼鸟一样。而有些人因为对着电脑的时候习惯伸脖子，导致下巴突出了。

第六节
从三种坐姿看别人的世界

人要有好的坐姿，因为它会给人留下好的印象。 日常生活中，要想在别人面前表现出成熟、庄重的样子来，就要有意识地控制不雅动作，以免让自己错失良机。

学会计出身的志梅有一个习惯，只要一坐下就会跷起二郎腿，而且一个劲儿地抖腿，越抖越厉害。别人非常夸张地说，桌子上放一杯水，只要她一抖腿，不到五分钟，杯水不剩。为此，朋友跟她说了好几次，可是她总不以为意，然而

即兴演讲：关键时刻不能输在表达上

终于在一次面试时吃亏了。

一家公司招聘财务助理，志梅去参加面试，这原本认为应该是十拿九稳的事，可是，让她想不到的是竟然惹了一肚子气回来。负责面试的是财务总监，一个四五十岁的中年男子，他一开始对志梅十分客气，非常热情地接待了她，还给她倒了水。

志梅刚一坐下，老毛病就犯了。财务总监觉得志梅总在不停地晃动，开始没注意，仔细一看才知道她在不停地抖腿。他估计志梅可能一会儿就会停下来，所以他强忍着继续面试。可是过了好长一段时间，志梅还是老样子，终于他忍受不了了，暂停面试，出去喝了杯水。

财务总监回来一看，志梅还在抖腿。又谈了一会儿，他终于直言不讳地要求志梅不要抖腿，可是她却毫不犹豫地马上跟对方认认真真地理论了起来。最后，他毫不客气地说："你可以走了。"志梅也不示弱："走就走，这个破地方我也不稀罕啊！"

抖腿这个毛病，不管什么人见了都会心烦，如果你有这个毛病，一定要趁早改掉，千万别让它破坏你的公众形象。

公司在面试时都会采取面对面的座谈形式，时间从十几分钟到几十分钟不等，如果坐的时间长了，就会感到有点不舒服，甚至产生生理、心理方面的变化。当自制力减退，注意力分散，坐姿就会发生相应的改变，会出现跷腿、抖腿甚至摆弄衣带、烟盒等一些令人反感的小动作。

这些动作会颠覆你之前给面试官留下的好印象。比如，在这个故事中志梅的抖腿动作确实是一种自己不耐烦的表现，也是对别人不尊重的表现，甚至有人认为这是一种没教养的行为。

一个人坐姿的好坏对他的人生会产生巨大的影响，为什么会这样呢？这是因为坐姿是人向外界传达思想感情的重要方式之一。仔细观察一个人的坐姿，可以从一个侧面了解这个人。在面试的时候，正确、优雅的坐姿能够传递自信、友好的信息，反之亦然。

那么我们在坐姿方面应该注意哪些问题呢？

1. 注意坐的位置

有两种坐姿比较极端，应该避免：一种是紧贴着椅背坐，那会显得太过放松；另外一种是只坐在椅边，那会显得太过紧张。

落座的最好位置是坐满座位的三分之二。这样一来，你既能坐得稳当，又不会因为前倾失去重心，一头栽倒，还能体现你的自信与重视，没把面试地点当成饭店，过于放松。

2. 注意上身姿势

身体直立，头部保持端正，而不能歪头、扭头、仰头、低头。双手最好各自放在一条腿上，或者放在身前的桌子上，或者叠放在一条腿上，或者放在椅子两侧的扶手上。

3. 注意下肢的姿势

正襟危坐会让气氛显得比较僵硬，最好能够避免。摆放双腿，可以用双腿交叉式、垂腿开膝式、双脚内收式。女士采用双腿斜放式、前伸后曲式、双腿叠放式等姿势既显得保险，又显得十分美观。

为了显得大方、得体，坐下后双腿不要叉开过大或直接伸出去。更不要抖腿，或者上身趴在桌子上，或者双手抱在腿上，或者脚尖指向面试官，这些都会显得过于随意。面试的时候你可以架腿，但是要使两腿并拢。

第七节
从十三种"眉目传情"教你参透人心

眉毛可以表达不同的感情，至少有十三种表情达意的状态。比如，形容眉目的词语中，"横眉冷对"表示轻蔑，"柳眉倒竖"表示发怒，"低眉顺眼"表示顺从，"挤眉弄眼"表示戏谑。

宋代词人周邦彦有这样一段词："一段伤春，都在眉间。"为什么会这样呢？这是因为如果一个人眉头紧锁，那么眉间肌肉皱纹会体现出他的焦虑和忧郁，而一旦眉间舒展，那么就表明心情轻松了起来。

眉毛可以表示出多种心情，如惊奇、怀疑、否定、傲慢、快乐、希望、愤怒和恐惧。

一个人如果深皱眉头，表示他很忧虑，想逃离目前的处境；一个人如果大笑而皱眉，表示他有轻微的惊讶。

一个人的眉毛如果一条降低、另一条上扬，表示他介于扬眉与低眉之间，一半激越、一半恐惧。

一个人如果眉毛斜挑,表示他处于怀疑状态,而扬起的那条眉毛就像一个问号。

一个人如果眉毛打结,即眉毛同时上扬,并且相互趋近,表示他有严重的烦恼和忧郁。有些慢性病患者也会如此,低眉是剧痛导致面孔扭曲的反应。

眉毛的内侧端比外侧端抬得高,会形成吊梢眉,这种夸张的表情是巨大的悲伤导致的。

眉毛先上扬,然后迅速下降,这是在看到别人时友善的表示。它通常会伴着扬头和微笑。

眉毛闪动经常出现在小说的对话里,因为它可以加强语气。比如,每当演讲者要强调某个字时,眉毛会扬起并迅速落下,意思是:"我说的都是非常有趣的事情!"眉毛连闪则表示意外、高兴。

说话时,人们还会耸眉。人在谈话谈得热烈时,会重复做一些小动作,以此来强调他说过的话。而大多数人讲话讲到要点时,会不断地耸眉,比如那些习惯性的抱怨者絮叨时就会这样。

概括起来,眉毛的动作及其所表达的意义主要有以下十三种。

(1)单眉上扬:表示不理解、有疑问。

(2)双眉上扬:表示非常欣喜或极度惊讶。

(3)皱起眉头:要么拒绝、不赞成,要么陷入困境。

(4)眉毛迅速上下活动:表示心情愉快,内心赞同。

(5)眉毛倒竖:表示极端愤怒或非常气恼。

(6)眉毛半抬高:表示大吃一惊。

(7)眉毛完全抬高:表示难以置信。

（8）眉毛正常：表示不作评论。

（9）眉毛半放低：表示大感不解。

（10）眉毛全部降下：表示怒不可遏。

（11）眉头紧锁：表示内心忧虑或犹豫不决。

（12）眉梢上扬：表示喜形于色。

（13）眉梢舒展：表示心情坦然、愉快。

第八节
即兴演讲要注意的三种"声音"要诀

成功的讲话，莫不是以声达意、以声传情。声音富有魅力，不仅能为口才增添几分光彩，还会美化演讲者的形象。一个人的声音有魅力时，我们往往会认为他优雅大方、气质高贵，甚至觉得他具有领导的才能。

一个人声音悦耳动听，会让人感觉比较容易亲近。一个人声音沉闷粗哑，或者生硬刺耳，不仅很难吸引人，而且还会引起别人的反感。

一个人的声音即是他最感性的，也是他最具代表性的符号。俗话说"音容笑貌"，声音的重要性不言而喻。因此，想要提高即兴演讲能力，美化声音是十分必需的。

声音对人的工作、生活都起着非常重要的作用，一个人通过改善声音可以提升他的形象，促使他更快地走向成功。

现在，一些发达国家已经把培训说话声音作为职业教育工作的一项内容了。尤其是电话销售、公关和咨询公司，要求雇员声音动听、友善、热情，能让顾客和业务伙伴通过他们的声音感受到公司的专业水平和服务质量。

一般情况下，一个能说会道的人，他的声音一定有魅力。反过来，要想使自己的声音有魅力，就要提高口语表达能力。

那么口语表达能力是什么呢？

简单地说，就是一个人说话时对语速、声调、音量、节奏的控制，是语言形象的重要组成部分。

一个人的声音表达能力好，不但发音明亮悦耳、字正腔圆，随着交际氛围的变化，语调还能进行抑扬顿挫、快慢强弱、明暗虚实等多种变化。这说明他的声音有强烈的乐感，展现着迷人的魅力。

那么即兴演讲中，要注意声音的哪些方面呢？

1. 发音准确，吐字清楚

这很关键，因为发音不准或读错字，不仅常常会闹各种各样的笑话，而且根本没有什么魅力可言。吐字含糊不清，会使对方感到十分吃力，从而降低他们的接受力。

2. 注意语速和节奏

即兴演讲时影响速度、节奏的主要原因在于人们内心情绪的起伏变化。速度、节奏的控制要通过各种不同的配合才可以实现，比如吐字快慢、音调强弱、重音，以及紧松句、长短句、整散句等。但是掌握了规律，就能做到演讲快慢适中，而且形象生动。

3. 注意声调和语调

声调针对单个词而言，语调针对整个句子而言，这两者共同决定了一个人说话的格调。语调分为升调和降调，有区别句子语气和意义的作用，它随着语气和感情的变化而进行变化。

比如，把"你干得非常好"说成降调，是陈述句，语气为肯定、鼓励；倘若说成升调，是疑问句，语气为不信任、讽刺。因此，一个出色的演讲者一定要把握好语调，以增强演讲的魅力。

此外，演讲者在演讲的时候还应该注意语气，要能够从语言的音强变化等方面来改进自己的语音形象，从而提升自己的讲话能力。

有句话说得好，"余音绕梁，三日不绝。"声音是语言的载体，能够给人美的享受。因此，在与人沟通交流时我们一定要注意自己的声音，使其富有感染力，进而打动人心。

第九节

说话简洁、恰到好处的三种做法

戴尔·卡耐基夫人曾经这么说："没有人故意让人讨厌。""往坏处想一想，你我很可能就是此类人，而自己浑然不知。"

一个人说话令人讨厌，很可能是因为他要么说话语速快，要么说起来没完没了，连气都不喘。倘若你是听众，你能够忍受这种情景吗？

因此，抓住要点长话短说，才是说话的策略。

古人说"善辩者寡言"。一个高明的演讲者讲话时都言简意赅，惜字如金。即兴演讲，说话简洁，语言精练，才易于让人接受，使人喜欢。相反，说话烦琐，往往会使人感到十分厌烦。

在与人进行交流沟通时，为了能够使别人更快地了解自己的意图，常常会使用高度凝练的语言。但是应该注意说话绝不能为了简而简，简洁也要从实际出发，做到恰到好处，否则会得不偿失。

事物具有两重性，简短的语言有时候很难非常清晰地表达复杂的思想感情。与人进行交流沟通时，语言过会简短有碍心灵的沟通。但是简短也不是绝对的。

> 在公祭鲁迅先生的大会上，邹韬奋先生只讲了短短的一句话，它短得简直无法再短。
>
> 今天天色不早，我愿用一句话来纪念先生："许多人是不战而屈，鲁迅先生是战而不屈。"

因讲话内容篇幅较长，书中不再单独列出，感兴趣的读者可自行查阅。

总之，简短应该以精当为前提，该繁则繁，能简则简。

那么我们到底应该怎样做呢？

1. 多掌握词汇

演讲者词汇贫乏，谈吐自然不会精彩。福楼拜曾经这样说："任何事物都只有一个名词来称呼，只有一个动词标志它的动作，只有一个形容词来形容它。"因此，一个出色的演讲者至少应该掌握一些精简的词汇。

2. 培养分析问题的能力

透过现象看本质，拥有这种能力对于一个演讲者来说是非常重要的。在此基础上，你才能在与人交流沟通时准确、精辟地阐述问题，展现你的魅力。

3. 说话简洁明快

演讲不仅要简洁明快，还要能把复杂的问题简单地说出来，这样，你的演讲才会明白晓畅，得到听众的喜爱。

在与人进行沟通交流时，要注意言简意赅，千万不要废话连篇，这样你才能够做个处处受欢迎的人。

第十节
提高"吸引力"的十种方法

亚里士多德曾这样说："漂亮比一封介绍信更具有推荐力，也更容易被人们所接受。"事实的确如此。我们毫不夸张地说，外表出色的人更具竞争力，但倘若徒有其表，在社交中照样会一败涂地。

与人交流时，沟通的成败往往取决于语言魅力，最终取决于你的"引力"。**要想拥有语言魅力，你不仅需要知识丰富，还需要表达技巧**。总之，语言魅力是知识、形体、表达的有机结合。

通过语言魅力，你可以先入为主，传递给对方你的吸引力，从而促使对方自觉或不自觉地与你保持交流节奏的一致。因此，一个高明的演讲者一定要提高自己的"引力"。

你说话是否有魅力，直接决定你是否具有吸引力，进而影响你的人际关系。一个人的说话内容，说话时的语气、语调，以及身姿、手势、表情等，都能够表现出他的魅力。因此，说话的风度是一个人气质的外化。

那么我们具体到底应该怎样做呢？

1. 说话风格明快

在这个世界上，人人都讨厌晦暗的事物，都喜欢光明的事物，就如同草木需要阳光一样。同样，说话如果给人一种阴沉感，会让人感到十分厌恶的。

2. 掌握说话速度

在演讲的时候，应该保持适当的语速，如果语速过快，听众就会抓不住重点；而如果语速过慢，则会令听众失去耐心。总而言之，演讲时最好张弛有度，富有节奏美。

3. 掌握说话语调

演讲时，语调是最重要的，也是最有说服力的。同样的话，有人说来平淡无奇，而有人说来却极具感染力，原因之一就在于：他们驾驭语调的能力各不相同。因此，要把语音的停顿和轻重、高低搭配成调，保证抑扬顿挫。

4. 说话要有节制

不管男人还是女人，如果一打开话匣子就会信马由缰，也会令对方不耐烦，甚至到了无法容忍的地步。因此，演讲时一定要有节制，尽可能地表现出你的开朗、诚恳就行。倘若你可以灵活运用语言表达能力，就有可能成为一个出色的演讲者。

此外，沉默也是一种交际语言，有时也会收到好效果。

5. 语气要肯定

要想对方听你讲话，首先你就得认真地听对方表达。如果你不同意对方的想法，你完全可以这样说："你所说的，其实我也曾考虑过。"然后再问对方："你对这件事有何想法？"这样，将判断的权力交给对方，既是保护他的自尊，也是谦虚的一种表现。

6. 思路有条理

当谈话的双方争论不休，没有头绪时，你的讲话就要力求简短、果断，而且要有一定的条理性。在大众场合发言，你最好能够赶在前面讲，或者留在最后讲，以求给人留下一个深刻的印象。

7. 拥有个性的声音

动人的声音让人听着是一种享受，女人的声音尤其是这样。选择演讲的声音，要依据天赋、个性、场合以及情感的变化。你完全可以通过录音来校正自己说话时的毛病。

8. 语调自然地变化

自然的声音总是非常悦耳的，无论你用何种语调，都应该做到自然流畅。当交谈对象是多个人时，你完全可以采用技巧：前一个人声音大，你就压低声音，做到低、小、稳；前一个人声音小，你就要略微提高嗓门，从而引起大家注意。

9. 声情并茂

真诚可以赢得人们的信任，进而增进彼此之间的友谊；做作往往会使人生厌，从而失去交往的机会。与人沟通交流时，目光要坦然、亲切、有神。同时，还要通过点头、微笑等方式积极回应对方。

与人交流沟通时，倘若你面带微笑，会使对方感到十分轻松，感到十分高兴，进而增进交谈的融洽气氛。当然，微笑也要掌握度的原则，因时间、地点与谈话内容而异，否则就会陷入失礼的境地。

10. 习惯用法

人类对语言的运用都有一定的标准，包括语气与措辞。如果不注意，就会导致彼此之间交流不顺。"好棒哟！""真可怕！"这是女孩子习惯性爱说的一些感叹词，但也要根据具体谈话的情况而定。

演讲时不懂语气与措辞，则很难引起听者的兴趣，而习惯性地过多使用的感叹词也会在不经意间干扰对方的注意力。因此，在使用习惯用法时一定要把握好分寸。

第十一节
需要规避的十五种禁忌

当今社会，生活节奏越来越快，人们的交际范围也越来越广，人际关系也越来越微妙，所以交谈的作用也越来越重要。

谈话大致可分为三种：一种让人愉快；另一种让人生厌；还有一种让人没感觉。

但是谈话也有禁忌。那么有哪些谈话禁忌需要规避呢？

1. 不要谈对方不懂的话题

如果你想谈的话题对方不懂或者没兴趣，那么你最好不要轻易开口。倘若你滔滔不绝地说个没完，对方很可能会认为你是在卖弄，在有意地使他难堪。

2. 不要随便地打断别人的话

别人在讲话的时候，你突然打断他，会让他在不经意间产生怀疑或不满，甚至会认为你不尊重人，甚至没修养。

3. 不要用训斥的口吻说别人

在这个世界上，每个人都不喜欢接受别人的命令，或者被别人狠狠地训斥。既然双方是平等的关系，你就不能表现得自以为是，甚至非常盛气凌人地训斥别人。如果是那样，你就会大大地刺伤别人的自尊心，最终让你沦为孤家寡人。需要记住的一点是，千万要给别人留一个面子，这样才会为自己赢回一个大大的脸面。

4. 不要故意为难人

和随声附和一样，故意表示自己与众不同，都是一种不老实的表现。出众的口才可以帮助你更好地待人处世，而不是让你处处都不受欢迎。因此，一定要正确而灵活地表现你的口才，千万不要为了逞能而惹人厌烦。

5. 朋友失意时，不谈得意事

有这样一句话，"处在得意日，莫忘失意时。"朋友向你倾吐失意，本想得到你的真诚安慰，可是你却在不断地炫耀自己的得意之事，这无形中会伤害到对方的自尊，让他产生误会。因此，讲话时一定要慎重。

6. 不要不懂装懂，冒充内行

不懂装懂是一种不老实的行为，属于自欺欺人的现象。一个人即使很有学问，但是也不可能无所不知。因此，非常老实坦白地承认你对某些事物的无知，别人会认为你不虚伪，是一个非常诚实的人。

7. 不要卖弄自己

一般情况下，外强中干的人，往往喜欢说大话，吹牛皮，他们的目的是引起别人的注意，以满足自己的虚荣心。与人交流沟通时，千万不能夸口。即使你才华横溢、知识渊博，卖弄自己也会让对方难堪，这样做对双方的交往是非常不利的。

8. 谈话时不要做不礼貌的动作

演讲时，首先必须保持端庄的姿态。抖腿、挖鼻孔、哈欠连天等，都是一种不礼貌的行为。尤其需要注意的是，千万不要一直盯着别人，那会使对方感到非常不安；也千万不要俯视对方，那会给人一种高高在上的感觉；更千万不要东张西望，那会使人觉得你心不在焉或另有所图。

9. 谈话中对方的不妥，先表扬后指正

想要改变对方的主张，最好的方法就是先表扬后批评，然后给他暗示，让他自己进行进一步的修正。而对于朋友无可挽救的过失，应该非常恳切地指正，使他能够知过而改。但是纠正时最好的

方式是用请教式的口吻来进行。如果这样做，则可以保护对方的自尊。

10. 不要喋喋不休地跟别人发牢骚，或者向别人诉说不幸

内心有烦恼、委屈，可以找人诉说，但是不可以随便向不熟的人诉说。为什么会这样呢？这是因为：一是，对方可能没多大兴趣；二是，对方不了解具体情况，很难产生同情心；三是，他可能会误解你，认为你有毛病或缺点。这样一来，你就会很容易招致对方的厌烦。

因此，需要注意的是，不要喋喋不休地跟别人发牢骚，或者向别人诉说自己的不幸，除非对方是你非常要好的朋友，并且非常真诚地愿意听你讲话。

11. 遇到争辩，不要把对方逼上绝路

遇到争辩时，最好的办法就是快速地转移话题。针锋相对不仅不能服人，对方还会因此而生出一些怨言。为什么会这样呢？这是因为，争辩会在不知不觉间损害对方的自尊心，进而使对方会对你产生反感。在这个世界上很多人都有一种好胜心理，没人愿意承认失败，因此说争辩都是不必要的。

如果你能够尊重对方的意见，你的意见也同样会被对方尊重。这样，你的主张就容易得到别人的拥护。因此，不要指望口头之争可以改变对方的想法，在交谈中必须坚持"求同存异"的原则。

12. 质问式语气最易伤感情

有时候，夫妻不睦，兄弟失和，同事交恶，仅仅是由于双方交流时其中一方喜欢用质问式语气所致。其实，质问是非常没有必

要的。

如果你觉得对方的意见是错的，这个时候你完全可以把你的意见说出来，何必质问对方，让他感到非常难堪呢？假如你用质问的语气，那么被质问的人的自尊心就会受到一定程度的打击。

尊重别人是谈话的首要条件，为难对方，于人于己都是非常不利的。

13. 不要空泛地进行说教

一个人倘若他的地位比别人高，或者年龄比别人大，潜意识里就会产生一种优越感，认为自己比对方有经验、懂得多，因此演讲时在不知不觉间带着说教的腔调。

当然，说教有时也算正确的忠告，但是说教的腔调很容易引起对方的逆反情绪，而不被对方所接受。既然是教育别人，那么就一定要力避高高在上，而是要懂得以理服人。

其实，一个出色的演讲者在说教时，应该让别人自然而然地接受你的观点，这样才能达到预期的效果。

14. 千万不要小题大做

一个人爱小题大做，这样很容易浪费自己的时间与精力。对方讲了好长时间，你被众多不必要的细节弄得晕头转向，还可能了解不到根本的要点。如果你想抓住故事的梗概，他会这样回答："不用急，你先听我把话说完。"接着，他又废话连篇了。这样的谈话只会让人厌烦。

15. 不要咄咄逼人

有些人说话咄咄逼人，往往伴有冷嘲热讽，攻击性特别强。这类人被称为"刀子嘴",他们往往表现得自私、冷漠,言语刻薄,说话不给人留情面。但是他们往往也会因为一句话就失去朋友之间的友情。

与人交流沟通时,一定要遵循平等原则,这会让你说话时能够达到游刃有余的境地。

第六章

掌握多种场合即兴演讲的技巧

在即兴演讲时,一定要分清对象与场合。演讲者一定要掌握应对各种场合讲话的技巧,能根据具体情况决定自己应该说什么、不应该说什么。

第一节
竞聘演说的五大禁忌和五大注意事项

竞聘演说被广泛应用于政治演说、企业职位竞选演说中,成为考察一个人综合素质的有效形式。

那么竞聘演说的禁忌有什么呢?

1. 信口开河,杂乱无章

竞聘演讲的针对性和时效性较强,一个出色的演讲者在事前一定要花大量工夫进行调查研究,以期全面了解所要竞选职位的一些特征,从而在演讲内容上大做文章。

竞聘者倘若对竞争职位没有完整的认识,演讲的时候就会抓不住重点,信口开河,杂乱无章,从而无法达到演讲的目的。

2. 狂妄自大,目空一切

一个自负的竞聘者,在演讲中说到自己的工作优势时,往往会过分夸大,表现出某个职位"非我莫属"的态度。而在谈工作设想时,倘若再狂妄自大,目空一切,脱离实际,这样一来很容易引起对方的反感,从而导致演讲失败。

3. 过分谦虚

竞聘者在演讲时也要切忌过分谦虚,而要客观、公正地评价自己,因此在演讲的时候可以大胆地发表自认为行之有效的"施政纲领"。

有的竞聘者唯恐自我标榜会引起对方的不悦,常常会把自我评估降低到"水平线"以下。这种过分谦虚的做法根本不能够反映自己的真实水平,也会失去让对方对你不能有一个全面了解的机会。

4. 吐字不清,时间过长

一般而言,竞聘演讲要求演讲者要在较短的时间内完成自己的演讲,因此还是有难度的。一般而言,竞聘演讲的时间不要过长,以三四分钟为最佳。

因为演讲时间稍短,所以有的竞聘者讲话的语速就会过快,导致吐词不清,使对方无法理解你想要表达的意思。因此,演讲时一定要注意轻重缓急,千万不要"一气呵成"。

演讲时要思路清晰,言简意赅,声音要洪亮有力,这样做就显得非常好了。

5. 服饰华丽,求新求异

服饰是一个人思想和修养的外在表现。竞聘演讲作为正规、严肃的演讲形式,演讲者的着装需要注意一点的是,千万不要穿奇装异服,千万不要穿华丽无比的服饰。

有人认为,穿着求新求异就能够以奇取胜。其实,这不会给对方留下一个良好的印象,反而会使自己的演讲效果大打折扣。

竞聘演讲是展示自我、表现自我的机会，因此，演讲者应以庄重、朴素、大方的穿着为宜。

登台演讲前，一个出色的演讲者应该整理一下衣着，保持干净整洁的仪容。登台以后，要做到站有站相，最好一开始就能够给人眼前一亮的感觉。当然，微笑、目光交流都是非常必需的。

竞聘演讲除了以上五大禁忌外，还有五大注意事项。

1. 入场

当多位竞聘者同时入场的时候，千万不要相互推让，而要按顺序慢慢地进入。落座的时候，要等现场礼仪人员指示，并且要与其他竞聘者同时落座。倘若主持人要求你临时换座，也一定要服从，并表示谢意。

此外，当主持人向听众介绍竞聘者，提到你的名字时，你一定要立马主动站起来，面向听众微笑致意。

2. 上台

走上演讲台要身体直立，目视前方，步伐整齐。头要正，手臂自然摆动。上台后，缓步转弯，面向听众站好。然后再扫视全场，向听众敬礼。之后再开始演讲。

3. 站位和目光

站位要考虑竞聘者的方便，更要考虑听众的方便。如果站姿得当，那么就会给人留下一个良好的印象。而演讲者的目光一定要落到每位听众身上，保证照顾到全场听众。

4. 下台

演讲结束的时候,一定要先后向听众和主持人致意。听到掌声后,要再次表达一下谢意,然后从从容容地下台。

5. 出场

活动全部结束,竞聘者先行退场。这个时候,倘若听众站起来热情地鼓掌,竞聘者要招手致意,或同样鼓掌。倘若听众先退场,竞聘者应该立马站起,目送听众。

第二节
颁奖辞的四大特点和五大注意事项

在颁奖典礼上,颁奖辞是评价获奖者的一种极高礼仪。发表颁奖辞是相关主题活动不可缺少的环节,否则活动就会显得不完整,不完美。

颁奖辞可以帮助听众了解获奖者,也可以从中得到激励、教育。因此,它要尽可能地使用优美的语言。

一般来说,颁奖辞有以下四大特点。

1. 情感性

颁奖辞一般会赞美获奖者的事迹与精神,能够达到一种以情感人的效果。

2. 深刻性

颁奖辞对获奖者的评价，最好可以触及获奖者的精神内核，提炼出获奖者的思想高度。

3. 简洁性

为了适应电视播出的要求，颁奖辞一定要简练，最好寥寥数句就可以概括获奖者的风采。

4. 系列性

在颁奖礼上，当授奖对象是多个人时，颁奖辞往往会做成一个系列。颁奖辞的主题相同，事迹却往往会出现因人而异的时候，一定要有针对性地因人定论调，表达出个性特点。

此外，发表颁奖还要注意以下五个事项。

1. 事迹要点明

这是指从大处着眼，抓住人物最主要的、令人钦敬的事迹，简要概述，如同画写意画，力求用最简洁的笔墨勾勒出最丰满的笔下之物。因此，颁奖辞不要求非常详尽地交代人物事迹的来龙去脉或是细枝末节，人物的事迹一定要点到为止。

2. 精神要彰显

一般情况下，颁奖辞中对获奖者精神的赞美是重点也是难点。但是这也只能通过获奖者的事迹表现出来，因此还得纵深开掘获奖者的事迹，找出人物的精神闪光点，然后再进行恰当的概括。

3. 要有机融合事、理、情

颁奖辞要综合运用事、情、理三种表达方式，即抒情、叙述、议论。只要把获奖者的事迹、精神以及对他的赞美有机地融合起来，就能够获得巨大的成功。

4. 凝练而流畅

颁奖辞一般非常简短。这就要求演讲的语言高度浓缩，言简意赅。这样的语言往往字字珠玑、意蕴丰富，具有生动、形象的特点，与此同时还要自然流畅，音韵铿锵悦耳，富有某种音乐美。

5. 高度概括，准确中肯

一般情况下，颁奖辞应该以简洁、精练的语言高度概括获奖对象的事迹和精神品质，在对其闪光点进行展示的同时，语言概括不仅要有高度，而且还要有一定的深度。

下面是"感动中国十大人物"活动给获奖者邰丽华的颁奖辞，可以把它当作一篇范例。

邰丽华颁奖辞

从不幸的谷底到艺术的巅峰，也许你的生命本身就是一次绝美的舞蹈，于无声处再现生命的蓬勃，在手臂间勾勒人性的高洁，一个朴素女子为我们呈现华丽的奇迹，心灵的震撼不需要语言，你在我们眼中最美。

事迹：2005年的春节晚会，一下子让所有的中国人都知道了邰丽华以及她领衔的舞蹈《千手观音》。在无声的世界里，邰丽华创造出一种特殊的美丽，给人们带来纯净至美的艺术享受。

第三节
答谢词的四大要求和九大注意事项

在公共礼仪场合，主人致辞（欢迎词、欢送词）后，客人通常要发表讲话，表达谢意。这就要用到答谢词了。

写信道谢，可以写成谢函、谢帖、感谢信；而在礼仪场合，就只能发表答谢词了。

答谢词有以下两大类。

1. 谢遇型

"遇"即款待，"谢遇型"答谢词就是用来答谢别人对自己的款待的。一般情况下，它常常被用于宾主之间，既可与"欢迎词"相应，也可与"欢送词"相应。

2. 谢恩型

"恩"即帮助，"谢恩型"答谢词就是用来答谢别人对自己的帮助的。它常用于捐赠仪式或送别仪式上。

答谢词的具体要求有以下四个方面。

1. 内容与结构合乎规范

"谢遇型"和"谢恩型"两类答谢词所涉内容及结构各有各的规范模式，写作的时候不可混淆，而要严格符合规范。当然，更不能够"独创"。

2. 情真意切

答谢词应该真挚、坦诚而热烈，但是千万不要矫揉造作，从而引起对方的反感。注意，答谢词千万不要冷冰冰、干巴巴，那样是很难打动人的，由于它本身就是"言情"的，因此要热烈奔放。

3. 评价恰如其分

一般情况下，"谢遇型"答谢词不要对对方妄加评论；而"谢恩型"答谢词就要赞美对方的"精神"了，但是一定要适度评价，千万不要故意拔高，以免给人留下"虚情假意"的嫌疑。

4. 篇幅简短，语言精练

答谢词绝对不可能够像报告一样冗长，而是尽量要篇幅简短，语言精练，做到言简意赅。

此外，答谢词还有以下九大注意事项。

1. 要有客套，但不宜过多

客套是礼仪，内容才是实质。答谢词需要客套，但是不要过多，否则会引起对方的反感。

2. 既要充分示好，又不能失去原则

在说到双方的关系和感情时，既要充分示好，又不可以丧失原则。敏感性问题要回避，倘若回避不了，也要坦诚相待，谨防出口伤人。

3. 规避现在，面向未来

答谢词应该尽量少说过去的"辛酸"，多畅想未来的"成功"。

如果两人现在的关系并不好，甚至存在一些矛盾与分歧，答谢词就应该尽量规避"现在"，从而大胆地面向"未来"。但是表达时千万不要使用"一定""必然"等副词，而一定要使用"感觉""希望"等动词。

4. 引述对方意见，将其融入自己的观点

答谢词主要表述"己见"，但当对方致"欢迎词"或"欢送词"后，你最好能够引述对方的意见，将其融入自己的观点。这样做不仅能够提升答谢词的内涵，还能够使双方关系更加融洽，从而营造出一种和谐的气氛。

5. 既要"言谢"，更要"行谢"

"言谢"借以言语，"行谢"借以行动。一般情况下，"谢恩型"答谢词要非常明确地表示出单方面的实际感谢行动；而"谢遇型"答谢词根本没有必要表达出单方面的感谢行动，可以用"我们"来表达共同行动。

6. "直"与"曲"相结合

"谢恩型"答谢词求"直"不求"曲"，结构一定要平直，表达也应该直来直去，尽量不使用婉言曲语。而"谢遇型"答谢词则应该做到"章法求直，表达求曲"。

7. 做到"雅"与"俗"结合

答谢词诉诸听觉，如果想要听着悦耳，那么就得综合运用优雅的书面语与生动的口语，使之达到雅俗共赏的良好效果。

8. 要尊重对方的习惯

在异地做客，一个出色的演讲者尽量要了解对方的民情、风俗，并且一定要尊重对方的生活习惯。

9. 要照应欢迎词

倘若主人已致欢迎词在前，作为客人则不能够充耳不闻，答谢词要与欢迎词某些部分相似，这则是对主人的一种尊重，即使在事先已经准备好了致谢词，也应该随着主人的欢迎词而稍加调整补充，或因情因景而发生某种变化。

下面这篇答谢词，可以作为范例参考。

在接受救灾粮仪式上的答谢词

亲爱的××领导，远道而来的客人们：

今天，我们怀着无比激动、无比振奋的心情，在这里迎接××红十字会给我们县师生捐赠救灾粮的亲人。

今年7月以来，我县遭受了百年未遇的大旱灾。7月、8月、9月这3个月，炎阳连天，滴雨不下，池塘干涸，溪河断流，田地龟裂，禾苗枯死，真是赤地千里！虽经我们奋力抗灾，但自然灾害的肆虐，造成我县10多万人饮水困难，30多万亩田颗粒无收。我们县的中、小学生，就有1万多名因受灾而辍学，还有几万名同学靠教师、亲属的接济度日。然而党和政府没有忘记我们，兄弟县市的乡亲没有忘记我们，省市领导多次亲临，视察灾情，组织救援，市县国家干部职工争相解囊，捐粮捐钱。今天，我们又接到了你们无私捐助的大批救灾粮食。"一方有难，八方支援"，团结互助，无私奉献，只有在今天优越的社会主义制度下，只有在我们伟大的社会主义中国才能办到！

谢谢你们，远方的亲人！我们全县人民，全县中、小学生一定从你们的援助中汲取力量，奋发图强，重建家园；努力学习，奋勇登攀，以崭新的成绩来报答党和人民的关怀，报答你们的深情厚谊！

第四节
祝词的六大注意事项

祝词是表示祝贺的应用文体，一般在喜庆场合使用，如婚嫁、祝寿、升学、参军、定居、乔迁等。此外，祝词和贺词有时可以互用。

根据内容的不同，祝词可分为祝婚词、祝寿词、祝酒词、祝业词等。而按照表达形式的不同，又可分为韵文体（即诗词体）、散文体两种。

祝婚词用来祝愿新婚夫妇生活美满；祝寿词用来祝愿寿星健康长寿；祝酒词用来祝愿宴会、酒会举办成功；祝业词用于祝愿事业顺利，早日成功，多用于商店开业、会议开幕、工厂开工等活动典礼上。

祝词总是针对喜庆之事的，所以不应说不吉利的话，以免伤和气。因此，祝词有以下六大注意事项。

1. 情景性祝词要考虑环境、对象和目的

在特定情景下，我们会进行情景性祝贺，因此一定要考虑到环境、对象、目的特定性，从而更具针对性。

2. 情感性祝词要富有感情色彩

祝词要有鼓动性与感染力，那样才能够起到抒发感情、增进友谊的效果。因此，这就要求祝词一定要有浓烈的感情色彩，包括表情、姿态、语言、语气、语调等都要有感情色彩。有关事实证明的一点是：成功的祝词本身就是优秀的独白。

3. 简括性祝词要简洁有力、明快热情

事先做好准备，然后针对现场有感而发，是发表简括性祝词的一个秘诀。除此之外，它还要求语言简洁有力、明快热情，有一定的感染力，能够给对方留下回味的余地。

4. 礼节性祝词要格外注意礼节

发表礼节性祝词，当然要格外注意礼节了。它有什么要求呢？它要求演讲者不看稿站着发言，双目要时而致礼，时而环视，与听众进行感情交流。除此之外，鼓掌能够加强沟通效果。

5. 不要触碰对方的隐痛

发表祝词在回忆往事的时候，一定要注意分寸，千万不要触碰对方的隐痛，更不要拿此开玩笑，并且将别人的一些糗事弄得人尽皆知。

6. 注意使用词汇，避免将气氛变得沉闷

发表祝词时注意使用词汇，演讲者要尽量避免让气氛变得非常

沉闷，少提工作上的事情。

下面是一篇婚礼祝词的范例。

各位亲朋好友，各位来宾，女士们，先生们：

晚上好！

在这欢声笑语、天降吉祥、花好月圆、天地之合的喜庆日子里，我们相聚在这里，隆重庆祝××先生与××小姐喜结良缘。

今天，我十分荣幸地接受新郎新娘的委托，步入这神圣而庄重的婚礼殿堂为这对新人致新婚贺词。在这里，首先请允许我代表二位新人以及他们的家人对各位来宾的光临表示衷心的感谢和热烈的欢迎！同时，让我们衷心地为他们祝福，为他们祈祷，为他们欢呼，为他们喝彩！为了他们完美的结合，让我们以最热烈的掌声祝福幸福的新郎新娘，祝愿他们的生活像蜜糖般甜蜜，他们的爱情像钻石般永恒，他们的事业像黄金般那样灿烂！

第五节
求职面试时即兴演讲有八招

在求职面试时，你的语言表达艺术标志着你的成熟程度。对一个求职应试者来说，掌握即兴演讲的技巧是至关重要的。

即兴演讲：关键时刻不能输在表达上

有这样一个故事。

一个求职者去应聘一个秘书岗位，她的各方面条件非常符合该岗位的要求，所以她十分顺利地进入了面试。面试官提了很多问题，她都能够对答如流。最后，面试官非常好奇地问道："你为什么要跳槽到我们公司？"

求职者一听到这话，就向面试官大倒苦水。她说她现在单位的领导如何不可理喻，她又说单位的同事怎样难以相处。这些话让面试官大皱眉头，事后，面试官便让她回去等候消息。

很显然，求职者失去了这个好机会，因为她没有得到这家公司的录用通知。

其实，她之所以说出这么多跳槽的原因，无疑是想显现一下自己是多么地是非分明，又是多么地出色与优秀。但是她并不知道这些话并不适合对一个陌生的面试官说。面试官对面试者只有初步印象，他并不知道你在原来单位所发生的具体事情。他在听到应聘者的回答后，很可能会怀疑应聘者是一个很难相处的人，在为人处世方面存在某种缺陷，面试官甚至怀疑她会不会到本公司后也"故技重演"。其实，她只要不把跳槽的原因推到别人的身上，而用委婉的说法来表达，那么她就不会使面试官产生某种误解了。

在求职面试时，学会即兴说话是非常重要的。它决定着你能否成功地获得录用通知书，能否成功地得到一个新的工作机会。

那么一个聪明的应聘者到底应该怎么去做呢？

1. 有礼貌的问候

面试开始第一阶段是一个非常重要的阶段，许多面试官都会不自觉地受到第一印象的影响。据有关调查发现，很多面试官在最初几分钟就已经对面试者作出了一个初步结论。因此，我们在面试的时候一定要主动、有礼貌地向面试官打招呼，积极主动地介绍自己。

2. 要有诚恳的态度

一个面试者在进行自我介绍或回答问题时态度一定要诚恳，千万不要给人留下夸夸其谈或者说空话、大话、假话的坏印象。但是还需要注意的一点是千万不要过于恭维，这样会让面试官觉得你非常虚伪。

3. 表现出足够的自信

在面试的时候，千万不要将自己摆在一个被动挨打的位置上。被动挨打指的是在面试时千万不要说我不行、我不会、我不知道等话。不管如何，我们千万不要过于慌张，一定要时刻都保持冷静，并且机智地应对各种问题。此时，要多说一些自信肯定的话，这会使面试官觉得你是一个非常自信的人。

4. 回答问题一定要简洁明了

在回答问题时，千万不要表现出一种啰啰嗦嗦、滔滔不绝的样子，这很容易引起对方的反感。在回答问题时一定要干脆，给面试官留下一个头脑清晰、思路明了的良好印象。

5. 交谈时要口齿清晰、语言流利

在与面试官交谈沟通的时候一定要发音准确、吐字清晰。与此

同时，需要注意的一点是，要注意控制好说话的速度，以免磕磕绊绊，从而影响语言的流畅。还有，你一定要用美妙的修辞，千万不要用口头禅，更不可以运用不文明的语言。

6. 语气要平和，语调要适当

在面试时，面试者一定要注意语言、语调、语气的正确运用。打招呼问候时要用上语调，加重语气并带拖音，以此引起对方的注意。在作自我介绍的时候，面试者应多用平缓的陈述语气，尽量不要使用感叹语气或祈使句。声音太大令人厌烦，声音太小又难以听清。单人面试的时候，两个人与面试者的距离较近时声音不要过大；群体面试时，场地开阔，声音不要过小。

7. 语言要含蓄幽默

求职面试的时候，说话除表达要清晰外，适当的时候还可以运用幽默的语言，使谈话变得更加轻松愉快一些。幽默的语言会展示出自己的优越气质和从容风度。特别是遇到难以回答的问题的时候，幽默的语言能够显示出自己的聪明智慧，这样对于化险为夷是非常有利的，并给对方留下一个良好的印象。

8. 注意对方的反应

在求职交谈时，一个智慧的求职者应该随时注意对方的反应。比如，对方假如心不在焉，可能表示他对你所说的话不感兴趣。这个时候，你就得设法转移话题。可能由于自己音量太小而使对方难以听清；对方如果皱眉、摆头，可能表示自己言语有不当之处。根据对方的反应，你一定要懂得适时地调整一下自己的音量、修辞、语言、语调、语气以及陈述内容，这样才能够成功地打动面试官。

第六节
电梯演讲的三个脚本

什么是电梯演讲。电梯演讲是指在乘电梯的 30 秒内能够清晰准确地向客户解释清楚解决方案。

一个精明的销售只有对公司的解决方案或产品非常熟悉，才能够在 30 秒之内清晰而准确地向客户说明你的方案或产品。当然，如果你暂时做不到这一点，那么就应该把你正在做的工作理解清楚后，再去试行你的解决方案。

小林刚加入公司的第一天，上班坐电梯时恰好发现总经理走进了电梯。这个时候，电梯里只有小林和总经理两个人。小林很尴尬地说了声："您好！"之后，就没有再出声。幸好，中途有其他同事也走进电梯，这才缓解了一下电梯里的尴尬氛围。

其实，在电梯里也可以展开一场即兴演讲，又叫电梯营销，可以推销自己、所在部门或所在公司。

1. 进行热情地自我推销

倘若小林按以下的脚本介绍自己，可能会给总经理留下一个良好的印象。

小林从容地说:"很高兴见到您。我是林晓玉,我为自己能够从事文员工作而感到自豪。"

在电梯里与领导交流时,可以说:
- 刚毕业就能够做如此重要的工作,自己感到非常幸运。
- 由衷地感谢公司领导对自己的信任。
- 我大学时也学这方面的专业,一定可以极其认真地完成工作。

这个时候,电梯门打开了,而你已经完成了一次十分重要的接触。假如你表现得不错,总经理一定会记住所说的话,你也一定会给对方留下一个良好的印象。

2. 营销你的团队(或小组)

电梯营销中可以向对方展现你的团队和你们正在从事的项目。

小李是一个年轻有为的部门主管,他看到总经理走进电梯时,他立马非常热情地迎了上去,十分从容地问道:"过几天我们举行团队会议,请问您可以前来参加吗?我们已经如期完成任务,大家都能够很乐意听听您的讲话。"

电梯营销可以促进职业生涯的发展,从而给领导留下一种印象——即使在非常忙碌的时候,你也是一个积极能干的人,总是在思考与协调事务。

总而言之,无论在任何时候,任何情况下都要提前做好脚本准备和练习。这样,当机会来到的时候,你便可以紧紧地抓住它。

3. 向对方推销你的公司及其产品

电梯营销中可以推销你的公司及其产品,就是说你应该在比较短暂的时间内说服对方为什么非要投资你的公司或购买你的产品。总而言之,倘若你希望自己的业务蓬勃发展,就一定要懂得运用电梯营销。

一家著名企业在研发产品的时候遇到了关键性的技术问题。小郭是从国外回来的高才生,在电梯内遇到了公司的技术顾问,他就非常热情地对顾问说:"我能够帮助公司解决××技术问题。"就这样,小郭就非常顺利地上岗了,而且空降到研发部门,最终成了研发部门的领导。

电梯营销在于简单明了,没有任何行业术语,只需要关注产品带来的价值进行自我推销。电梯营销是任何组织或个人取得成功的一种非常重要的手段,准备有力的电梯营销脚本非常有助于帮助你达成自己的目标,更有助于你一步步地获取梦寐以求的成功。

第七节
座谈会即兴发言的五种技巧

为了确保座谈会取得预期效果,一个优秀的领导者一定要注意语言上的启迪作用,使参会人员都能够敞开胸怀,踊跃发言。那么在座谈会上到底应该怎么即兴发言呢？其实，座谈会即兴发言有以下五种技巧。

1. 要学会同等对待

在座谈会中有领导与下属，他们属于一种上下级关系，属于领导与被领导的关系。但作为座谈会的召集者，一个出色的领导者应该学会谦虚谨慎、平等待人，广泛听取各种意见。

即使是一小部分人的意见，或者是不中听的意见，甚至是反对的意见，一个有远见的领导者也要有足够的耐心，并且非常认真仔细地听下去，然后再从中提炼出宝贵的信息。需要注意的是，尽量不要摆出一种高傲的姿态，对来自底层的声音采取一种爱理不理的方法。

2. 语言一定要真实可靠

在座谈会中，说真话是领导与下属对语言的一个最起码最基本的要求。

下属会把与领导面对面的座谈看作是了解上司真正意图、反映自己心声的一个大好机会，希望通过座谈能够领会上级领导的决策意图和工作总署，期待为领导排忧解难，并且能够为其解决一些实际问题。

总而言之，领导在座谈中需要注意的是，一定要讲真话，一定要言之有理。尽量不要夸大其词，尽量不要遮掩地回避问题，一定要做到实事求是。

3. 不同对象，不同语言

语言是什么呢？语言是上级领导开启彼此心灵的一把钥匙。因此，座谈会的成效与领导语言的合理使用具有很大的关系。那么怎样的语言才算是最合理的呢？

一般情况下，由于每个人的文化、情趣、性格和经历有所不同，其接受程度也会有所不同。一个有远见的领导者在座谈会中一定会注意语言的运用，并且想方设法地缩短双方之间的心理距离，使座谈会取得一个良好的效果。

对那些接受能力强、思维敏捷、经验丰富的人来说，一个有远见的领导者在讲话的时候一定要精练深刻，言简意赅；对于那些不涉及世故、不懂得人生阅历、不善于接受的人，在讲话的时候一定要注意语言的通俗易懂，从而给对方留下一个亲切的感觉。

对于不同年龄的人来说，在与人交流沟通时所用的语言也要进行相应的改变，以适应不同对象的心理。

4. 语言要简洁明快一些

在座谈会中，一个有远见的领导者一定要努力地让更多的人在有限的时间内进行发言，要尽可能多地提出和回答更多的问题，而不是非常简单地与下属打交道。

总而言之，领导者的语言应该是非常简洁明快的。这里所说的"简洁"指的是什么？它指的是短小精悍、字数少、内容大。这里所说的"明快"指的是什么？它指的是语言要鲜明、准确、通俗、不绕弯、不拖泥带水、不含糊。

当然，为了使语言变得简洁明快，就一定要注意词语的选择，平时要注意多积累丰富的词汇，尽量使用恰当和准确的词语，就一定要注意句式的选择，可以用短句就绝对不用长句，可以用单句就绝对不用复杂的多句。

5. 一定要注意启发引导

在举行座谈会的时候，虽然有一些参与人员做了充分的准备，但也常常会出现一些冷场和跑题的现象。

为了保证座谈会能够达到预期效果，一个有远见的演讲者除了认真倾听、认真记录、及时回答和解决一些问题外，需要注意的是，一定要注意语言上的启迪作用，使参会人员都可以积极参与、踊跃发言。

第八节
婚宴致辞五大注意事项

婚姻是人生的大事，新娘与新郎的婚礼致辞是婚礼上秀恩爱的重头戏，婚礼致辞不只是走一个过场，也是感谢来参加婚礼的亲朋好友以及双方父母的一个机会。那么一个高明的演讲者在婚礼致辞中应该注意些什么呢？

1. 提前练习

首先，在婚礼进行前你可以把想要说的致辞提前写下来。记住，只要你努力去准备，就一定可以做得很好。接着就要进行多次练习。在婚礼当天致辞前，千万不要喝超过两杯以上的酒，需要注意的是，一定要尽量保持清醒的头脑，才可以保证有逻辑地完成整个致辞。

2. 选择一个合适的时机

致婚礼词的最佳时机是在切婚礼蛋糕的时候。但是如果婚礼当天由于你一直在心里念念不忘将要进行的演讲，而导致你总是心不在焉，那么比较有效的做法就是一定要在婚礼开始时就完成致辞，然后在一番演讲之后把捧花献给一位特殊的来宾。比如，大家庭中有一位非常值得尊敬的亲戚，或者你们夫妻俩的介绍人，并认真地解释原因。

3. 致辞时长不要超过两分钟

你的致辞最长不要超过两分钟，语速要尽量缓慢一些，演讲的时候与宾客之间要有眼神交流。如果突然之间说错了什么也不要表现得太过慌乱，这个时候你可以开个小玩笑解释一下，譬如说："我现在知道奥斯卡获奖者的心情了。"便会在顷刻间化解了尴尬。你也完全可以在一张提词卡上写下一些关键词提醒自己。

4. 真诚地感谢所有参加婚礼的来宾

在致辞中需要注意的是，一定要感谢你的父母、对方的父母，感谢那些远道而来或是百忙之中抽时间专程赶来的亲戚、朋友，而绝对不要只是单独地感谢帮你忙前忙后的密友们。

5. 畅谈一下二人的恋爱经历

不是每一位在场宾客都了解新娘和新郎的甜蜜恋爱史。因此，你完全可以和大家分享一下你们夫妻二人之间的浪漫故事。说说某件对夫妻二人具有某种非凡意义的事情，但是需要注意的是，在畅谈经历时最好尽可能地跳过那些过分多情和亲密的细节描述。另外，在分享时你一定要有自信心，千万不要害怕或感情激动，因为大家都非常乐意看到真实的情感表达,而绝对不是华丽虚伪的演讲秀。

以下是婚宴致辞的范例。

主婚人致辞

各位来宾:

今天是×××先生和×××小姐的结婚佳期,宾客盈门,风日畅朗,我受邀作为主婚人,感到十分的高兴。

据我所知,新郎和新娘是一对品学兼优、年轻有为、事业心强而又志同道合的佳侣,他们通过相识、相知、相爱,建立了深厚的感情基础,今天能够走入婚姻的殿堂是天作之合,他们的结合可谓才子配佳人。

现在我宣布:×××先生和×××小姐的婚姻完全符合《中华人民共和国婚姻法》的有关规定,经民政部门的审查,现已成为合法夫妻,婚姻真实有效,受到法律的保护!在这里,我祝福新郎新娘新婚愉快、甜蜜恩爱、白头到老!

最后,我再一次衷心地感谢各位来宾的光临。谢谢!

新娘致辞

亲爱的各位来宾:

大家好!

今天,我们欢聚一堂,感谢上天给我的这个缘分,让我遇见了他，做了他的妻子。我相信，每个人从出生的那刻起，上帝就已经把他的一生安排好了，于是让我在20××年××月××日遇上他。

我们曾一起欢笑，一起奔跑，一起跌倒，一起爬起，是他让我尝到了世间的温暖，他用他的宽容、他的宠爱、他的用心，让我体会到他的爱与付出。

如果说在爱的港湾里没有吵架，那肯定是假的，他只会毫无道理的来溺爱我。看到过那么一段话：如果你们一个月吵一次，你们就是好朋友；如果你们一个星期吵一次，你们就是情侣；如果你们天天吵但还在一起的话，那么你们已经可以结婚了。看来，我们真的可以结婚了！

很庆幸，我们的婚姻得到了双方父母的认可。当然，还要感谢在座的各位，没有你们，就没有今天的美满。我建议，为了庆祝我们的婚礼，感谢各位的光临，让我们共同举杯。

如果有招待不周的地方，请各位谅解，敬祝各位万事如意！

新郎致辞

各位亲朋好友：

　　大家好！

　　今天，我非常感谢各位能在百忙之中参加我的婚礼，你们的祝福使我的婚礼更加的浪漫，更加的神圣。

我还想特别感谢我的爱人，感谢她答应嫁给我。今天当着大家的面我承诺，我将做一个合格的丈夫，照顾她一辈子！

父母致辞

各位来宾，各位朋友，大家好！

非常感谢大家在百忙之中参加我儿子××与儿媳××的婚礼，正是你们的到来让他们的婚礼更加隆重和圆满。

今天是个喜庆的日子，我的儿子和儿媳终于步入了婚姻的殿堂，他们从相知、相恋，到今后的相随、相伴，还有很长的路要走。我希望他们在今后的路中能够各自承担起为人夫、为人妻的责任，用更加包容的心对待彼此，共同建造一个幸福美满的小家庭。

在此，我要感谢××的父母，感谢你们的辛勤付出，养育了一位知书达理、善解人意的好女儿，也感谢你们对××的信任，肯把女儿交托于他。今天起，我们两家就变成一家人了，我为此感到非常的荣幸和开心。

最后，我非常感谢各位前来参加婚礼的朋友们，感谢一路帮助过我的老同事、老朋友，感谢栽培吾儿和儿媳的各位领导，你们的关照我们都会铭记在心。在这里，我向大家深鞠一躬表示感谢。祝愿大家生活美满、幸福开心，谢谢大家！